변하고 있는 진리

Copyright © 2016, Bert Hellinger
All right reserved.
Korean translation Copyright © 2016, Park i-ho
이 책의 한국어판 저작권은 번역자인 박이호와의
독점 계약으로 한국 내에서 보호를 받는 저작물이므로
무단 전재와 복제를 금합니다.

변하고 있는 진리

초판 1쇄 발행 | 2006년 4월 11일
개정 1쇄 발행 | 2016년 4월 18일

지은이 | 버트 헬링거
옮긴이 | 박이호
발행인 | 한명수
발행처 | 흐름출판사 www.heureum.com
주소 | 전주시 덕진구 정언신로 59
전화 | 063-287-1231
전송 | 063-287-1232
이메일 | hr7179@hanmail.com

ISBN 979-11-5522-093-1 03100

값 12,000원

「이 도서의 국립중앙도서관 출판예정도서목록(CIP)은 서지정보유통지원시스템 홈페이지(http://seoji.nl.go.kr)와 국가자료공동목록시스템(http://www.nl.go.kr/kolisnet)에서 이용하실 수 있습니다.(CIP제어번호: CIP2016009085)」

Bert Hellinger

변하고 있는 진리

경험에서 통찰로

버트 헬링거 지음 | 박이호 옮김

흐름

시작하며

우리는 우리의 경험을 숙고함으로써 삶에 결정적인 통찰을 얻습니다. 그러나 우리의 숙고는 자주 우리의 경험들을 넘어갑니다. 무엇보다 우리가 우리의 경험을 일반화할 때 그렇습니다. 그럼 우리는 다시 경험으로 돌아와 숙고의 결과를 경험에 맞춰 수정해야 합니다. 그렇게 하는 것이 응용통찰이고 응용철학입니다. 그러기에 응용철학은 결코 최종적이지 않습니다. 응용철학은 흐름에 있으며, 도상에 있는 진리입니다.

이 책에 서술된 인식의 길은 두 가지 의미에서 응용철학입니다. 우선 인식은 행동과 관련되어 행동에 봉사합니다. 동시에 행동은 인식에 다시 영향을 미칩니다. 행동은 인식을 깊게 하며 교정하여 인식을 계속 이끕니다. 인식과 행동은 계속 서로 관련돼 있어 저 깊이에서 하나입니다. 각자를 다른 시각으로 보아서 그렇지 둘은 같은 것입니다. 둘은 어떤 행동이 우리 관계에 봉사하는가 염두에 둡니다. 어떤 행동이 관계를 넓게 하고, 깊게 하며 또한 좋게 끝나게 하여 풀어지게 하는가를 염두에 둡니다. 여기에서 저는 각각의 단계에 대해 서술하지 않았습니다.

수십 년 동안 저는 가족세우기와 심리치료를 행했습니다. 그러나 이 일들을 하게 이끈 통찰은 철학적인 통찰이었으며 그 통찰은 철학적 인식의 길에서 얻어졌습니다. 양심의 기능에 관한 통찰을 예로 들 수 있습니다. 저는 심리치료나 종교에서뿐만 아니라 많은 세계관적인 운동에서 다루어진 양심과 다르게 양심을 인식했습니다. 다르게 인식함은 실제 행동과 판단에 광범위한 결과를 초래합니다. 저는 무엇보다 양심이 그룹의 본능적인 결속에 봉사한다는 것을 인식했습니다. 이 인식을 저는 여러 가지 방법으로 심리치료에 적용했으며, 검사하여 심화시켰습니다.

이 통찰의 적용은 심리치료 이외의 분야에 많은 도움을 주었습니다. 인간이 서로 관계하여 갈등이 내재하는 가족, 교육, 복지기관 뿐만 아니라 회사나 기업에서 적용하고 있습니다. 그러기에 수년 전에 출간된, 인식과 관련된 책들과 이 책은 같은 맥락을 가집니다.

우선 이 책은 철학적인 책입니다. 그럼에도 종래의 철학적인 개념이나 그러한 개념에 따른 방법들을 제외시켰습니다. 여기에선 계속 경험에 준거하며 경험으로부터 더 넓은 통찰로 이끄는 살아 있는 철학에 관한 것입니다. 살아 있는 철학은 생명에 봉사하기에 생명에 봉사하는 것으로 자신을 증거합니다.

저는 이 인식의 길을 함께하는 독자와 기뻐합니다. 하지만 우리는 각자 홀로 이 길을 갑니다. 본질적인 인식은 개인적인 인식이기 때문입니다. 우리는 경험을 서로 교환할 수 있습니다만, 인식은 각 개인에게 닿아야만 효과를 발합니다. 우선 단지 정보를 얻으려고 이 책을 읽는 사람도 이 인식의 길이 마음에 들어 결정적인 시도를 감행할 수도 있습니다. 여기에선 모든 것이 긴박감 넘치기 때문입니다.

Bert Hellinger

차례

시작하며··4

행동에서 온 통찰

철학
실천··14 | 학문··14 | 계몽··15 | 진보··16 | 한계··17 | 전망··19

영혼
공동 영혼··20 | 영혼의 효력들··22 | 투쟁··25 | 공명··25

정신
의식··27 | 제한된 그리고 무한한 정신··28 | 정신에서의 투쟁··29
질서들··29 | 본질적인 것··30 | 공명··31

빔[虛]
동의와 놓음··33 | 정신 집중··34 | 소원들··34 | 창조적인 것··35
캄캄한 밤··36 | 실행에 있는 지혜··37

경건
경건과 통찰··39

인식의 길
포기··41 | 공명정대··41 | 단계들··42 | 적용··43 | 진리··44
가족세우기··45 | 한계··47

다른 관점
너와 나··48 | 나와 너··49 | 영적인 차원··50 | 순수한 시선··51 | 연계와 자유··52

양심

선한 양심과 거리낌 있는 양심··53 | 평형감각··54 | 신화들··54
양심과 그룹··55 | 양심의 두려움··56 | 의식되지 않는 양심··56
귀속에의 동등한 권리··57 | 앞과 뒤··59 | 비극··60 | 벗어날 길··61
공명··61 | 양심의 계속적인 발전··62
영(정신)적인 양심··62 | 모든 것··63

짐을 벗음

우리에 대한 염려··65 | 다른 사람들에 대한 염려··65 | 두려움··66
죄책감··66 | 속죄··67 | 정의··67 | 보상··68 | 망상··68
정신(영)적인 자유··69 | 얽힘··69

종교들

신에 관한 상들··71 | 계시 종교··72 | 신의 가족··74

종교적인 장

인식의 길··76 | 의식··77 | 다른 기도··77

마음으로 인식

존경··79 | 공명··81 | 신 인식··81

계몽

개념··83 | 성실한 계몽··84 | 마지막 금기··84 | 두려움··85 | 결과들··86
질문··86 | 전망··87

통찰에서 온 행동

도움
서로 도움‥90 | 도움을 거절함‥90 | 도움의 질서‥91 | 질서에 반하는 도움‥91
직업으로서의 도움‥92 | 저항과 함께하는 도움‥94

존중
모든 것을 존재하는 그대로 존중함‥95 | 반대 앞에 존중‥96 | 중심‥96
우리 태도의 결과들‥97 | 염려‥98 | 행동‥99

열광
반대 운동‥100 | 열광의 원천‥100 | 열광적인 도움‥101
오만‥102 | 겸손한 행동‥103

넓음
넓게 봄‥104 | 넓은 지식‥104 | 전체와의 관계‥106 | 넓은 행동‥106

깊이
비밀‥107 | 전체‥108 | 충만‥109

기대
제한‥110 | 마음을 엶‥110

겸손
분수‥112 | 용기‥112 | 통찰‥113 | 위대함‥114

사랑
풍부한 사랑‥115 | 정화된 사랑‥115 | 영의 사랑‥116

내면의 성장

효과
지식··120 | 길··120 | 전망··121 | 적용··121 | 행동··122

사랑의 어머니
헤어짐··123 | 신적인 것··124 | 근원··124 | 동경··125 | 마지막··125

아이임과 아이로 머묾
동의··126 | 자신의 것··126 | 공명··127 | 책임··127 | 보호··128

이기
봉사··129 | 사랑··129 | 다른 것··130 | 충만··130

투쟁
생존··132 | 전체··132 | 그룹 사이의 투쟁··133 | 조정··134
가족에서의 풀리지 않는 싸움들··134 | 민족 간에 풀리지 않는 싸움들··134 | 단념··135

평화
생각··136 | 경계··136 | 과거··137 | 도덕··137 | 투쟁··138

이뤄졌습니다
길··139 | 위대한 것··139

변하고 있는 진리

영과 같이 감
전체··142 | 움직임··142 | 사랑··143

조직적인 인식의 길
조직적인 알아챔··145 | 조직적인 의도 없음··146 | 영적인 것··146
조상들··147 | 화해··148 | 공명··149

사랑의 다른 질서
영적인 장들··151 | 넓혀진 영··151 | 언어의 장··152 | 타인의 장들··152
창조적인 장··153 | 질병의 장들··154 | 가족세우기에서의 장들··155
좁은 장과 넓은 장··156 | 죽은 자들··157 | 반유대주의··158
장들 내부에서의 화해··159 | 교체··161 | 동일시··161 | 공동 운명··162
장들의 화해··163 | 단계들··164 | 신적인 것··166 | 숨겨진 신··167

죽은 자들
존재와 비존재··169 | 죽은 자들과 공명함··170 | 죽은 자들과의 경험들··171
풀림··172 | 넓은 장··173

죽음에 기뻐하라··175

희망의 끝··177

무 앞에서 생각함
무와 존재··179 | 사랑··180 | 지혜··180 | 순수한 생각과 행동··180

사이의 시간
사랑··182 | 존재를 둘러싼 투쟁··183 | 무가 있음··183 | 다른 사랑··184

순수한 마음··185

후기··187

행동에서 온 통찰

철학

실천

원래 철학은 온전히 생명에 봉사했습니다. 세계와 인간의 생명 그리고 공동의 삶에 감춰져 있는 비밀스러운 것이 이해할 수 없게 나타나기에, 우리는 그것을 선입관에 사로잡히지 않고 조심스럽게 관찰함으로써 이해하려고 했습니다. 이해하여 각자는 쉽게 이 세상에 적응하려고 했습니다. 무엇보다도 감춰진 모범과 법칙들을 알려고 했습니다. 그들은 종종 서로 대항하는 힘들의 상호작용으로 자신을 나타냈습니다. 그리하여 우리는 법칙들을 예상할 수 있었고, 제시간에 맞게 지킬 수 있었습니다.

그러기에 철학은 행동에 기준을 잡습니다. 현실에 맞는 행동을 하게 하며 행동을 동반합니다. 동시에 그에 따른 인식들과 통찰은 결과에 의해 확인되었거나 의문시되었습니다. 이 철학은 온전히 실천철학이었기에 '홀로 —어떤 것을— 생각'하거나 혹은 '어떤 위대한 초안'과 정반대입니다.

학문

이러한 의미에서 철학은 처음부터 학문적이었습니다. 많은 면에서 철학은 학문을 가능하게 했습니다. 왜, 그렇습니까?

철학은 통상의 의견들이나 확신에 영향을 받지 않고 선입관에 사로잡히지 않는 관찰을 따라야 했기 때문입니다. 철학은 통상의 의견이나 확신을 의문시했기에 많은 철학자들은 적대시 되었으며, 일반에 위험하다고 재판에 회부되어 유죄판결을 받았습니다. 소크라테스가 하나의 예입니다.

무엇보다도 많은 종교적인 확신은 철학에 의해 비이성적이라고 인식되었습니다. 여기에서 철학은 계몽적인 역할을 했습니다. 철학은 관찰을 통해 경험되는 현실과 이성에 반한 것을 해명했습니다.

가족세우기도 정확한 관찰에 기초합니다. 이 관찰도 많은 통상의 의견이나 확신을 의문시합니다. 예를 들면 우리가 생명을 거의 우리 손에 쥐었기에 우리 마음먹기에 따라 행복하고 성공적인 삶을 꾸릴 수 있다는 상상을 의문시합니다. 가족세우기는 가족세우기에서 얻은 관찰과 가족세우기의 적용에서 얻은 경험에 의해 통상과 다른 통찰로 이끕니다. 이 통찰도 철학의 모든 것과 마찬가지로, 결과로 자신을 지켜야 하며 결과에 의해 확인되거나 의문시되어져야 합니다.

계몽

가족세우기의 결과들은 사람들이 좋아하는 많은 것들의 근거가 없을 뿐 아니라 비이성적이라고 폭로하기에, 여러 분야에서 계몽적인 작용을 하며, 그러기에 공격을 받습니다. 가족세우기에 반대하는 저항들이 대개 자신들의 정확한 관찰에 의하지 않고, 존재에 대한 초안에 의한다는 것은 가족세우기가 진정으로 계몽하고 있다는 증거입니다. 존재에 대한 초안들은 경험된 현실을 사고와 행동을 위한 지표로 인정하지 않고, 현실을 자신들의 상상대로 변화시키려고 합니다.

많은 종교적인 신념들도 마찬가지입니다. 우리는 단지 우리가 알지 못하기에 검증할 수 없는 것을 믿습니다. 믿음의 신념과 같은 철학적인 신념들도 있습니다. 그러한 신념들을 지지하는 사람들이 자신들의 신념을 선전하고 관철하려는 열정에서 우리는 그것이 신념임을 압니다. 학문에 있어서도 똑같은 신념들과 그에 상응하는 태도가 있습니다.

진보

철학과 과학의 인식에 공통적인 것은 그것들이 단지 어떤 경계 안에서만 유효하다는 것입니다. 그 인식들이 경계를 넘어 -하나의 철학적이고 과학적인 인식이 일반적인 유효성을 가질 수 있는 것처럼 하면서- 보편타당성을 갖는다고 했을 때, 그 인식은 신념이 됩니다. 보편타당성 요구는 이 인식으로 어떤 것이 정말로 종말에 다다른 것처럼 하면서 인식을 더 이상 못하게 합니다. 그러기에 하나의 인식이 그 결과를 볼 때 이미 확인되었는데도 과학적으로 증명될 수 없다는 비난은, 하나의 인식은 보편타당성을 가져야 하고 그리하여 종말에 다다라야 한다는 요구를 숨기고 있습니다. 그러나 삶이 계속되는 한 행동이 종말에 다다를 수 없는 것과 같이, 새로운 행동은 계속하여 새로운 인식들을 가져오기에 하나의 인식은 종말에 다다를 수 없습니다.
 그럼 이 철학은 무엇을 말합니까?

1. 경험과학입니다. 그의 통찰은 경험에서 왔기에 경험으로 검증됩니다. 그러나 통찰은 경험과 같이 불완전하기에 흐름에 있습니다. 그래서 철학은 살아 있으며 계속하여 더 발전하고 있는 과학입니다.
2. 이 철학은 경험에서 얻은 통찰에 알맞은 행동과 행동을 통한 통찰의 확인을 필요로 합니다. 행함이 없이는 확실한 통찰도 없습니다. 개인적인 행함이 없이 어떻게 통찰을 검증할 수 있겠습니까? 그러기에 이 철학에 의해 우리는 성장하며 우리를 변화시킵니다.
3. 이 철학은 교환을 필요로 합니다. 아무도 하나의 통찰에서 얻어지는 모든 경험을 홀로 할 수 없습니다. 그러기에 이 철학은 공동작품입니다. 공동으로 하는 관찰과 숙고뿐만 아니라 공동의 행동을 필요로 합니다. 이때 행동은 서로 다를 수 있습니다. 교환으로 공동이 됩니다.

한계
철학은 어디에서 자신의 한계에 다다릅니까? 삶의 실행을 위한 본질적인 것보다 더 많이 알려고 하는 데가 한계입니다. 예를 들면 착각의 경험과 색깔들은 감각기관의 자극과 우리 신경기관에서 자기화의 상호작용 결과라는 증명—즉 우리의 지각을 벗어난 우리가 보는 대로의 색깔은 없다—은 우리의 인식은 거짓이고, 현실은 파악될 수 없다고, 더 나아가 현실은 우리에 의해 만들어진다는 결론을 내립니다. 그리하여 우리는 우리 삶에 꼭 필요한 것을 넘어 생명의 저편과 위에서 작용하고 있는 것을 알아야 한다고 요구합니다.

    도대체 우리는 무엇 때문에 우리의 삶의 실행에 필요한 것을 넘어 더 많이 인식해야 합니까? 반대로 우리의 감각경험의 방식이 어떻게 이뤄지든, 우리의 삶을 아름답고 충족하게, 훌륭하게 하면 충분하지 않습니까? 이보다 더 좋은 인식이 있습니까? 우리의 인식이 어떻게 형성되는가에 관한 비판적인 고찰이 생명과 우리의 일상적인 경험에 어떤 것을 더합니까? 혹은 이 비판적인 숙고의 방식은 이 경험 위에 스스로 자신을 올리려는 의지가 아닙니까? 우리의 한계에 대한 숨겨진 거절이 아닙니까? 그리하여 이 한계 안에서 우리에게 가능한 삶에 대한 거절이 아닙니까? 이 한계 저편에 더 좋고 아름다운 것이 우리에게 있을 수 있습니까?

    소위 존재에 대한 초안들도 이 경계를 넘어갑니다. 주어진 것을 그의 질서에 맞게 파악하여 서술하려는 시도를 넘어갑니다. 마치 자기 창조적으로 하나의 세계를 구상하여 세계와 인간을 그 초안에 맞게 변화시키려고 합니다. 이 세계에, 주어진 것에 우리의 인식을 맞춰 그와의 화음으로 인식이 발전하고 실행되는 대신에 세계와 인간을 초안에 맞게 적응시키려고 합니다. 안 되면 폭력을 씁니다.

    그러한 이상향을 초안하는 대신에 이 초안들이 거짓임을 밝히고, 철학 내에서 계몽하여 주어진 현실에 맞는 이성에 봉사하는 것이 철학의 과업입니다.

전망

우선 가족세우기는 아주 새로운 경험입니다. 모여 있는 집단의 한 구성원이 한 가족의 대역을 맞고 서는 순간, 대역을 전혀 모르는데도 가족의 본인처럼 느끼게 됩니다. 실제의 가족 구성원이 자신의 가족세우기를 하는지 전혀 모르는데도 영향을 받는다는 경험이 추가됩니다. 가족세우기를 통해 우리는 인간 존재의 한 차원에 대한 통로를 갖습니다. 이 차원은 이제까지 감춰져 있었기에 철학에서 다룰 수 없었고 서술될 수도 없었습니다.

그래서 가족세우기는 다른 철학을 요구하며 또한 다른 철학을 가능하게 합니다.

영혼

가족세우기는 철학에서 이제까지 가정된 것보다 자아와 자신의 경계가 훨씬 넓다는 것을 밝게 드러냅니다. 많은 철학적인 가정과 결론은 가족세우기의 경험에 비춰 보면 충분하지 않거나 틀린 것으로 나타납니다. 자유로운 의지에 관한 것이라든지, 또는 인간의 자기책임성과 자율성 그리고 그의 생각과 의지에 관한 많은 것들입니다.

공동 영혼

우리가 속해 있는 가족이 공동 자아, 공동 자신 그리고 공동 영혼을 갖는다는 것을 가족세우기는 밝게 드러냅니다. 또한 우리가 개인적인 자아, 개인적인 자신 그리고 개인적인 영혼으로 경험되는 것이 더 포괄적이고 더 큰 것에 의해 한 방향으로 이끌려진다는 것을 가족세우기에서 경험합니다. 나는 이것을 큰 영혼이라고 부릅니다. 이 큰 영혼에 의해 우리는 가족의 다른 구성원의 운명에 연계되고 얽힙니다. 그리하여 우리나 가족, 다른 구성원이 아무런 영향을 끼칠 수 없지만 그들의 운명이 우리의 운명이 됩니다.

각 개인을 전체의 일부분으로 서로 관계하게 하고, 전체를 위해 봉사하게 하는 공동 영혼은 어떤 개인을 포함합니까?

다음과 같이 혈연으로 맺어진 분들입니다.

1. 형제자매 : 사산아와 낙태아 모두 포함
2. 부모와 부모의 형제자매
3. (외)조부모와 아주 가끔 그분들의 형제자매
4. 가끔 (외)증조부
5. 살인자와 희생자가 한 가족일 경우 더 윗세대의 살인자와 희생자

혈연이 아니지만 다음에 열거한 분들도 가족에 속합니다. 특히 윗대의 가족에게 자리를 내준 분들입니다.

6. 부모나 조부모의 전 배우자.
7. 혈연이 아니지만 그분들의 희생이 가족에게 이익이 된 경우, 노예나 착취당한 분, 특히 생명을 잃은 경우
8. 가족에 속하지는 않지만 살인자는 희생자의 가족에, 희생자는 살인자의 가족에 속합니다.

위에 열거한 가족을 넘어 더 큰 조직에 우리가 연계되어 있음을 가족세우기는 보여 줍니다. 여기에서는 더 포괄적인 영혼이 작용하고 있습니다. 우리가 속한 민족·인종·종교입니다.

이렇게 큰 그룹에의 연계는 무엇보다도 공동 이해에서 기인한다

고 이의를 제기하는 분들이 있습니다. 그렇다면 이 그룹 내에서의 인식과 의지가 개인과 가족이 어찌할 수 없이 넘겨진 힘들에 의해 조정되는 것을 어떻게 설명할 수 있습니까? 분명히 드러난 어떤 현실들이 인식되지 않거나 집단으로 부정되는 것을 어떻게 설명할 수 있습니까? 모든 인간이 본질에선 같다는 현실이 부정되지는 않습니까?

인식하고 그에 상응하는 태도와 행동에 경계를 지우는 것이 무엇인지 뒤에 양심의 장에서 더 자세히 설명하겠습니다. 이 장에선 우리에게 영향을 주고 우리를 조정하고 항상 넓어지는 영혼의 규모에 관한 것입니다.

영혼의 효력들

영혼은 살아 있는 것을 결속시키고 움직이게 하는 힘입니다. 생명체를 주어진 질서에 맞춰 성장하게 하며 증식하게 합니다. 자신을 살게 하여 주는 다른 생명체와 교류를 가능하게 합니다. 그리고 시간이 되면 영혼이 생명체를 떠나는 것같이 보입니다. 영혼이 떠난 것도 넓은 의미에서 생명에 봉사하기에 저는 여기에서 같이 보인다고 말합니다.

영혼과 마찬가지로 생명은 자신의 것으로 경험됩니다. 그러나 생명은 이미 우리 전에 있었고 우리 후에 있을 것이기에 자신의 것이 아닙니다. 다르게 말하면 우리가 생명과 영혼에 속하지만, 우리는 결코 생명과 영혼을 자신의 것으로 소유할 수 없습니다. 엄밀한 의미에서 우리는 생명과 영혼을 잃을 수 없습니다. 모든 생명체와

더불어 모든 무생물체는 이 모든 것을 서로 관련시키는 같은 영혼에 봉사하고 있습니다. 이런 의미에서 모든 것은 영혼에 종속되어 있습니다.

우리는 영혼을 또한 '아는'으로 경험합니다. 그러나 스스로 '아는' 이가 아닙니다. 영혼은 영혼을 넘어서는 더 높은 힘에 봉사하고 있습니다. 그 힘은 정말로 아는 이고 영혼 안에서 영혼을 통해 효력을 발휘합니다.

영혼은 살아 있는 조직을 결속시키고 각 기관의 상호작용을 이끌어 각 기관이 더 큰 전체에 봉사하게 합니다. 영혼은 조직의 어느 것도 없어지지 않게 합니다. 그래서 없어진 것을 가능한 한 대체합니다. 영혼은 하나의 전체에 봉사하고 있기에 이것을 전체로서 보존하고 계속 발전시키고 확장시키려고 합니다. 영혼은 성장과 새로움을 원합니다. 영혼이 따르는 질서는 성장 질서입니다. 계속 성장하는 질서로서 항상 더 많은 개체를 더 큰 전체에 연계합니다. 이 질서와 그의 효력을 인간관계에 적용하면 이는 사랑의 질서입니다.

다르게 말하면 우리가 영혼을 갖는 게 아니라 우리는 영혼 안에 있습니다. 우리를 영혼에 맡기고 영혼과 화음의 상태에서 행하면 영혼으로 차 있는 경험을 합니다. 많은 것이 우리에게 들어오고, 많은 것과 함께 움직입니다. 단절된 개인과 자아는 서로 소통할 수 없습니다. 자신의 주위와 화음에 올 수도, 주위 사람들을 이해할 수도 없습니다. 어떻게 그들은 그들 사이에 놓인 것을 넘을 수 있겠습니까? 단지 그들에게 공통적인 것만이 말해지지 않아도 쌍방 이해와 교류를 가능하게 합니다. 이 공통적인 것은 그들의 공동 영혼입니다. 이미 플라톤Platon은 인간 사이의 이해를 가능하게 하는 것을 영혼이라고 했습니다.

영혼이 어떻게 각자를 덮쳐 어떤 방향으로 이끄는가는 가족세우기를 통해 모두에게 경험될 수 있습니다. 예를 들면 가족 구성원의 대역을 하는 사람은 갑자기 느낌에 압도되어 저항할 수 없는 상태에서 움직여집니다. 이것은 감춰진 어떤 것을 밝혀 드러내 무질서의 어떤 것에 질서를 가져오게 하는, 종결되지 않는 어떤 것을 종결로 이끄는 영혼의 움직임입니다. 무엇보다 전에 서로 대항하며 제외하던 것들을 화해로서 연계시키는 움직임입니다.

영혼은 다음과 같이 나타납니다.

1. 영혼은 '아는'입니다.
2. 영혼은 능동적입니다.
3. 영혼은 목표가 분명합니다.
4. 영혼은 우리의 자의식과 생각과 의지에 관계하지 않고 행하여, 결과를 두고 볼 때 우리의 계획으로 가능한 것을 훨씬 넘습니다.

영혼은 우리 가까이 있어, 우리가 우리로서 가장 가깝게 경험하는 것입니다. 우리의 몸도 영혼을 통해 느끼기 때문입니다. 몸은 영혼을 통해 우리에게 몸으로서 속합니다. 오직 영혼을 통해 우리는 생명이 있습니다.

투쟁

문제는 영혼이 모든 것을 이끌고 결정한다면, 우리 안의 어떤 것이 영혼에 대항할 수 있는가입니다. 우리 안의 어떤 것이 독립하여, 전체의 일부분인데도 자신을 전체에서 빼거나 전체에 대항할 수 있습니까? 도대체 어떻게 우리 안에서뿐만 아니라 가족 간에 더 나아가 그룹 간에 싸움이 생길 수 있습니까?

영혼은 성장을 원하기에 투쟁을 원합니다. 영혼은 더 좋은 자리와 더 좋은 결과를 얻으려고 합니다. 더 좋은 것과 발전을 원하기에 투쟁을 원합니다. 그러기에 한쪽의 패배와 다른 쪽의 승리는 불가피합니다. 그러나 마지막 결과를 두고 볼 때 아무것도 영혼을 거스를 수 없습니다. 거기에선 모든 것이 영혼에 봉사했습니다. 영혼으로부터 벗어난 것같이 보였기에 스러진 것도 영혼에 봉사했습니다.

영혼은 하나의 고립된 영혼이 아닙니다. 영혼은 우리가 고립된 영혼으로 알고 있는 모든 영혼들을 포괄합니다. 우리가 큰 영혼에서 알아차리고 동의해야 하는 것은 우리 스스로 경험하는 개인적인 영혼에서도 마찬가지로 유효합니다. 우리가 개인적으로 경험하는 영혼도 자신의 경계 안에서 싸움을 용인하고 조장합니다. 거기에서도 물론 일탈과 일치 그리고 패배와 승리는 당연합니다. 그 영혼은 부분적으로 서로 대항하며 조정을 찾는 많은 개체의 합입니다. 동시에 합으로써 더 큰 전체의 개체입니다.

공명

정말 우리는 영혼이 무엇인지 모릅니다. 그러나 우리는 경험한 만큼 영혼의 효력을 서술할 수 있습니다. 또한 우리는 몇 가지 영혼의 법칙들과 영혼이 우리에게 보여 준 질서를 표현할 수 있습니다. 이 질서를 아는 우리는 영혼을 따라 영혼과 같이 울리는 행동을 하여 이상하게 들리겠지만, 영혼과의 공명에서 항상 더 포괄적인 규모로 온전히 우리 자신을 찾습니다.

정신

의식

우리는 정신을 인간 정신으로 우선 경험합니다. 우리는 정신을 물질적인 것, 영혼이 깃든 물질적인 것과 다르게 경험합니다. 또한 정신은 위의 두 가지와 연계되어 있을 뿐 아니라 대항하고 있으나, 그들보다 많은 면에서 우월하다는 것을 경험합니다. 우리는 정신과 의식을 연계합니다. 즉 사고·이성·지식·이해·통찰·우리 자신에 대한 성찰 그리고 이것 또는 저것을 결정하는 선택 가능성 등이 의식에 속합니다.

   지난 것을 우리 안에 현재화할 수 있는 회상도 의식에 속합니다. 우리가 지금 듣지도 보지도 못하는 사람이나 대상과 우리의 거리를 번개와 같이 넘어 그들과 같이 있을 수 있는 능력도 의식에 속합니다.

   이 관점에서 인간의 정신은 제한돼 있지 않으며 물질적인 울타리로 잡아 둘 수 없습니다. 정신은 물질이 아니고 영이기 때문입니다.

제한된 그리고 무한한 정신

우리가 파악하는 한 영혼도 제한돼 있어 정신과 구별됩니다. 물질과 마찬가지로 영혼도 자신에서가 아니라 밖에서 올 수밖에 없는 정해진 질서를 따릅니다. 이 질서는 영혼 밖에 있는 정신에서 옵니다. 여기에서 말하는 정신은 더 이상 인간 정신이 아닙니다. 인간 정신도 자신 밖에서 오는 질서를 따라야 하기 때문입니다. 그러기에 인간 정신은 자신에게 질서를 주는 다른 정신과 구별됩니다. 예를 들면 카테고리입니다. 이 범주 안에서 우리의 사고는 움직여야 하고, 시간과 공간의 범주 그리고 원인과 결과의 범주 등입니다. 또한 논리의 법칙도 있습니다.

우리 정신은 자신을 포괄하는 동시에 제한하는 다른 정신에 관여하고 있습니다. 이 정신은 자신에서 우리 정신에 영靈을 줘, 자유와 의존을 동시에 가능하게 합니다. 이 말은 우리 정신은 주어진 질서 안에서 움직여야 하기에, 우리 정신에게 이 질서를 주는 것에 닿을 수 없습니다. 정신(영)이라는 이름 자체도 우리에게 가장 가능한 언어일 뿐입니다. 그러기에 이 이름은 우리가 이 단어로 관련시키려고 하는 것을 제대로 표현하지 못합니다. 그럼에도 우리가 이 단어를 사용한다면, 이 단어가 전혀 다른 것을 말하고 있다는 것을 분명히 해야 합니다.

그럼에도 우리는 두 번째 의미에서의 정신은, 우리가 경험할 수 있는 존재하는 모든 것 뒤에 있는 창조적인 힘이어야 한다는 것을 이 경계 안에서 말할 수 있습니다. 우리가 아는 모든 존재하는 것이 정체가 아닌, 항상 움직이고 있는 것으로 지각되는 것처럼, 정신도 우리에게 항상 창조적인 움직임으로 그리하여 무한히 창조적으로 경험됩니다. 즉 아는-창조적입니다. 모든 아는-창조적인 것은 그러기에 영적이어서, 영으로 통해 있고, 영화靈化돼 있습니다. 우리가 영혼을 아는-으로 경험하며 그리고 영혼을 통해 몸을 경험한다면, 그것은 오직 영혼이 이 정신에 의해 움직이고 동시에 영적이기에 그렇습니다.

정신에서의 투쟁

영혼에서와 마찬가지로 정신 분야에서도 영적인 것이 영에 대항합니다. 인간의 정신도 투쟁을 통하여 정신(영)화됩니다. 인간의 정신에도 어느 정도 정신(영)적인 것이 있기에 발전과 쇠망이 있습니다. 우리가 알고 있는 창조적인 것은 자신을 관철하기 위해, 자신을 보존하고 성장하는 많은 가능성들을 가지고 시험합니다. 그러기에 정신적인 분야에서도 경쟁과 시험, 실패와 성공 등이 있습니다.

인간 정신도 영혼과 몸에 대항할 수 있습니다. 영혼이 몸에 지시를 하여 몸에 알맞은 것보다 정신은 다른 것을 원할 수 있습니다. 그러면 인간 정신은 가끔 "영혼과 더 나아가 건강의 적대자"가 됩니다.

질서들

그렇다면 몸, 영혼 그리고 정신을 일치시키는 질서는 어디에서 시작합니까? 다른 분야가 동시에 관련된다면 기본적으로 어디에서 노력을 시작해도 상관없습니다.

인간 정신 질서에서 시작하는 게 저에겐 가장 쉬워 보입니다. 이때 앞에서 말씀드린 철학이 우리를 돕습니다. 철학은 우리로 하여금 정확히 감지하도록 하며, 현실과 주장된 것 또는 원했던 것을 구별하게 하여 우리에게 가능한 것과 알맞은 것을 알도록 해 줍니다. 철학은 정신의 규율입니다. 철학은 우리에게 가능한 것과 알맞은 것을 위해 정신을 사용합니다. 그래서 가장 좋은 의미의 응용철학이 됩니다.

우리는 정확한 지각을 통해야 영혼의 질서와 무질서(즉 제가 후에 서술할 의식되어진 양심과 의식되어지지 않는 양심 간의 싸움)를 파악할 수 있습니다. 자신(영혼) 안에 내재된 적대적 움직임을 가진 영혼이 정신의 도움으로 개인에게서뿐만 아니라 그가 속한 가족 안에서 질서를 찾아야, 영혼은 몸을 건강하게 하는 질서뿐만 아니라 몸의 주위와 사이좋은 교류를 하게 하는 질서를 몸에게 줍니다.

본질적인 것

정신은 더 나아가 영혼과의 공명으로 겉으로 지각할 수 있는 너머에 숨겨져 있는 어떤 것을 파악합니다. 다시 말씀드리면 정신은 사물과 인간 그리고 세계 본질의 어떤 것을 파악합니다. 정신은 본질적인 것을 명명할 수 있어 그것을 보여 주고 경험하게 할 수 있습니다. 문학·조형 예술·음악·수학·과학 등입니다. 본질적인 것을 파악하는 것은 창조적인 과정이며 본질적으로 영적인 어떤 것입니다. 즉 영의 본질에 속합니다. 그러기에 인간 정신은 주어진 질서를 너머 주어지지 않는 질서를, 주어진 질서를 폐하지 않고 창조합니다. 정치적인 질서와 우리가 예술로서 창조하고 경험하는 것 등입니다. 철학도 이러한 예술에 속합니다. 철학은 현실과의 공명에서 자신을 창조적으로 증명하여 응용될 수 있고 응용되어집니다.

인간 정신을 통해 우리는 특별한 방법으로 창조적인 근원적 힘과 연결되어 있어 그 힘에 봉사하고 있습니다. 무엇보다 우리가 그 힘과 연결되어 있어, 그 힘을 의식하고 그 힘과 공명에 있으면 그러합니다.

공명

그럼 우리는 어떻게 우리에게 본질적으로 숨겨져 있는 근원적 힘과 공명에 있을 수 있습니까? 정신 집중을 통해서입니다. 우리가 그 힘을 우리의 원인으로 깊이 인정하고 놓음의 과정을 통해 점점 그 힘에 우리가 이끌리는 것을 경험할 때입니다. 우리가 그의 이끎에 우리를 거의 무조건 넘기고 그럼에도 깨어 우리를 그에 맡기면 우리는 그 힘을 통해 창조적, 의식적이 됩니다.

이 과정에서 우리의 정신은 자신의 완성에 다다릅니다. 우리의 정신은 그 정신(영)을 통해 정신(영)이 됩니다. 이 완성에서 우리의 정신은 그 정신과 더 이상 구별되지 않지만 결코 그와 같지 않습니다. 그 정신은 우리 정신의 거문고에 자신의 음악을 켜는 거문고 연주자입니다. 이 거문고는 스스로 연주하지는 않지만 울립니다. 그러나 이 거문고가 없으면 음악도 없습니다.

이 정신(영)에 이끌리는 정신(영)만이 영혼과 몸을 정신과 공명에 오게 합니다. 이 정신에 이끌리는 정신은 우리를 다른 인간 그리고 창조물과 공명에 오게 하여 자신 안에 이 모든 것들을 모아 그들을 위해 중재자가 됩니다. 켜지는 거문고와 같이 원하지 않는 중재자가 됩니다.

빔[虛]

어떻게 우리는 인간의 정신에 자신의 창조적인 힘과 지식에 참여를 허락하는 정신과 공명에 옵니까? 빔을 통해서입니다.

동의와 놓음

빔이란 무엇입니까? 빔으로 이끄는 내면의 과정은 무엇이며, 빔은 어떻게 느껴집니까? 우리가 빔과 연관하여 상상하는 상들에 반해, 우리는 창조적인 정신과 공명으로 이끄는 빔에, 모든 것에, 그것이 무엇이든 어떻게 있든 온전히 동의함에 이릅니다. 이 정신은 모든 것을 꿰뚫고 들어가는 창조적인 근원적 힘이기 때문입니다. 동의함으로 우리는 정신이 창조하고, 질서를 주고, 살게 하는 모든 것으로 충만하게 됩니다. 이렇게 우리는 동의함으로 충만과 동시에 빔인, 있는 그대로의 전체에 이릅니다.

우리 자신의 것을 거의 놓아야만 우리는 온전히 동의할 수 있습니다. 놓음으로 우리가 비게 되지는 않습니다. 반대로 우리가 있는 모든 것에 자신의 것을 대치시키지 않기에, 우리는 있는 모든 것의 충만을 위해 비웁니다. 그리하여 우리는 모든 것을 움직이게 하는 힘과 하나가 됩니다.

    우리가 동의할 때만이 우리는 놓을 수 있고, 놓아야만 동의할 수 있습니다. 우리 자신의 충만을 위해 열 때만이 우리는 비게 됩니다. 빔과 충만은 서로 전제로 합니다. 우리는 이 둘에 같은 실행으로 이릅니다.

정신 집중

정신 집중으로 우리는 이 과정을 경험합니다. 정신 집중에서 우리는 우리를 물러서게 함과 동시에 표면적인 것을 넘어 어떤 것을 위해 우리를 엽니다. 이때 우리는 행동하지 않습니다. 정신 집중은 방해할 수 있는 모든 것으로부터 물러서서 행동하지 않고 향하여 있음입니다. 정신 집중은 행동 사이의 쉼입니다. 정신 집중한 사람은 자신이 정신 집중에서 향하고 있는 다른 어떤 것이 작용하기까지 기다립니다. 그는 그 어떤 것이 자신을 통해 효력을 발휘하기를 기다립니다. 다른 것이 효력을 발하기에 그 자신은 효력을 발합니다. 오직 다른 것이 효력을 발할 동안입니다.

소원들

빔과 정신 집중은 어떤 것이 있는 그대로가 아니고 다르게 되어야 한다는 소원과 정반대입니다. 또한 주어진 현실을 자신의 상과 소원에 맞게 변화시키려는 노력과도 대립됩니다. 더 정확히 말하면, 우리의 소원과 상상으로 우리는 창조적이고 근원적 힘 대신에 행하고, 그와 경쟁하고, 그 힘보다 더 잘하여 그 위에 서려고 합니다.

우리가 자세히 고찰하면 이것이 얼마나 가소로운지 알 수 있습니다. 그러나 우리는 근원적인 힘과 관계없이 통찰과 지식을 얻은 것처럼, 또는 창조적인 힘을 그 힘 밖에서 더 나아가 그에 대항해서 얻은 것처럼 합니다. 그런 노력은 지치게 하며 실패합니다.

그러나 인간은 아주 창조적이어서 위대한 것이 인간의 연구, 계획 그리고 대담성의 덕분이라고 이의를 제기할 수 있겠습니다. 문제는 본질적인 통찰과 업적이 인간 자신의 영혼과 정신에서 기인하느냐 혹은 그것들이 선물로 주어지고 인간을 넘어 어떤 것과의 공명에서 오는가입니다. 우리는 인간의 계획과 행동의 덕으로 할지 혹은 더 큰 영혼, 정신과의 공명 덕으로 돌릴지를 그것들이 얼마나 오래 보존되는가로 압니다.

그럼에도 단지 제한된 기간만이라도 대담한 인간의 계획과 행동도 창조적인 근원적 힘의 효력 밖에선 성공할 수 없습니다. 우리는 실패함으로 배우고 실패에 동의하여 충만과 빔을 찾습니다.

창조적인 것

모든 것에 동의함(이것이 실패할 수밖에 없다는 것을 우리가 알지만)에서 오는 빔에서 우리는 가장 창조적입니다. 창조적인 것은 완결된다는 의미에서 결코 완전하지 않습니다. 어떤 것이 완전해야 한다는 상상은 인간이 원하는 상상입니다. 이 상상은 인간 정신의 효력뿐만 아니라 근원적인 창조적 정신의 효력과도 일치하지 않습니다. 완전함에선 창조적인 것이 정지하기 때문입니다.

빔과 연계된 정화가 아무리 깊더라도 우리는 빔에서 완전하지 않습니다. 우리가 빔에서 침묵하고 깨어 있으나 행동하지 않으면 창조적인 정신은 우리를 통해 임의대로 효력을 발하여, 마치 우리가 오직 있음과 존재로 효력을 발한 것처럼 됩니다. 그리하여 우리는 끌지 않고 끌며, 힘들지 않고 알며, 원하지 않고 화해하며, 개입하지 않고 정리하며, 지배하지 않고 봉사합니다.

빔에서 우리는 붙잡지 않고 붙잡히며, 머물지 않고 흐르며, 찾지 않고 발견하며, 배우지 않고 알며, 붙잡지 않고 사랑하며, 눈에 띄지 않게 행동하며, 선택하지 않고 자유롭습니다. 빔에서 우리는 우리를 잃지 않고 우리를 넘어 성장합니다. 빔에서야 우리는 온전히 거기 있습니다.

캄캄한 밤

빔에 대한 상과 가장 가까운 상은 어두운 밤의 상입니다. −감각들의 밤, 정신의 밤, 의지의 밤− 이 상들이 신비주의에서 기인하기에 많은 사람들은 알려고 하지도 않습니다. 서양철학은 신비주의가 신앙에 관한 것이어서 일상적인 인간의 경험과 인식의 방법과는 거리가 멀다고 하면서 신비주의와는 거의 관계하지 아니했습니다. 그러나 항상 그렇지만은 않았습니다. 많은 고대 서양 철학자들은 위에 열거한 의미에서 신비주의자였습니다. 헤라클리트^{Heraklit}, 플라톤^{Platon}, 플로틴^{Plotin} 등입니다.

그럼 감각들의 밤의 과정은 무엇을 뜻합니까? 정신 집중의 준비로써 빔으로의 첫걸음입니다. 이 빔에선 보지 않고 듣지 않아 침묵에 있습니다. 감각들이 평온해지는 밤에 들어와야, 정신은 동의하면서 어떤 것도 제외하지 않고 전체에 향할 수 있습니다.

그럼에도 정신은 평온하지 못하고 많은 것에 관련되어 있습니다. 정신도, 아무것도 더 이상 주의를 끌지 않는 밤에서, 자신을 단순하게 하여 한 가지에만 향하게 하는 밤에서 평온에 이릅니다. 정신의 밤은 정신 집중을 위한 두 번째 걸음입니다.

그 후엔 욕망, 많은 것을 향한 소원 그리고 갈망되어진 것으로의 움직임이 남습니다. 두려움과 원함에서의 갈망으로부터 물러섬은 의지의 밤에서 이뤄집니다. 이 밤에서야 정신과 감각들은 평온에 옵니다. 여기에서야 우리는 온전히 감춰진 어떤 것에, 그것이 우리를 움직이고 우리를 통해 효력을 발하기를 기다리면서 향합니다.

정신 집중의 이 길은 철학적인 길입니다. 응용철학입니다. 이 길을 통해서야 우리의 정신은 창조적인 근원적 힘과 공명에 옵니다. 이 힘은 우리의 정신에게 본질적인 앎과 지혜로 가는 문을 엽니다. 이 문은 우리의 가장 깊은 사랑을 사로잡습니다. 이 사랑에서 창조적인 근원적 힘은 자신을 실현합니다.

실행에 있는 지혜

이 길이 창조적인 지혜로의 길로 서양철학에서만 경험되어진 게 아님을 노자의 도덕경은 보여 줍니다. 서양에서 정신(영)이라 불리는 것을 노자는 도라 칭합니다. 도도 비워진 사람들에게서, 감각들의 밤, 정신의 밤, 의지의 밤을 통해 정신 집중과 혼자 스스로 쉬고 있는 침묵에 다다른 사람들에게서 효력을 발합니다. 그리하여 정신 집중과 침묵은 도를 위해 그들을 열어, 도가 효력을 발하도록 합니다. 그러나 자신들은 아무런 행동도 하지 않고 있습니다.

이 밤에서 정신은 자신의 일을 찾고, 영혼은 자신의 충만에 옵니다. 정신과 이렇게 공명으로 질서 잡혀진 영혼을 통해 몸은 자신의 질서와 건강 그리고 힘을 찾습니다.

철학은 이러한 의미의 정신과 정신의 지혜에서 시작하여 자신을 영혼에 향하게 합니다. 그리고 영혼을 통해 몸에 향하게 합니다. 철학은 두 분야에 어떤 것을 야기합니다. 철학은 실행에 있는 지혜로서, 이 특별한 의미에서 응용철학으로서 자신을 밝혀 드러냅니다.

경건

경건은 본질적인 것에서 감춰져 있는 어떤 것을 향합니다. 경건은 감각과 이성이 도달할 수 있는 것 뒤에서 현재에 효력을 발하는 것으로 감지되지만 파악될 수 없는 것을 향합니다. 이 어떤 것은 가장 깊은 데선 느껴지지만 파악되지 않습니다. 경건은 듣지 않고 대답하며, 어디에서 오는지 모르지만 같이 울리고, 어디에서 끝날지 모르는 움직임에 빠집니다. 그러기에 경건은 자신의 움직임이 없습니다. 침묵입니다. 경건에서 우리는 기다립니다. 단지 거기에 있습니다. 그러나 깨어 넓게 있습니다. 움직이지 않고.

경건과 통찰

경건은 우리로 하여금 본질적인 통찰을 얻게 하여, 그로부터 온 본질적인 행동을 하게 합니다. 이 행동은 의도 없는 행동이며 열광하지 않는 자명함이고, 움직임에서도 경건하기에 정신 차려 있으며 침묵입니다.

경건은 종교적입니까?

경건이 나타난 것 뒤에 감춰진 것을 파악하지 않기에, 즉 목표와 상이 없이 오직 미지의 것을 향하여 움직이지 않고 있기에 경건은 결정되지 않습니다. 그러기에 경건은 종교적이기도 하며 종교적이 아니기도 합니다.

경건이 의도 없는 인식 즉 자기도취나 갈망으로 물들지 않는 순수한 인식으로 이끌기에 경건은 하나의 철학적인 태도입니다. 경건은 공명에 있는 인식으로 이끌고 공명에서 옵니다. 그래서 경건은 결정적인 것을 생기게 하는 인식입니다. 그럼에도 경건은 삼가며, 찾거나 저항하지 않습니다. 경건은 주의 깊게 머물러 있습니다.

경건은 통찰의 결과입니다. 그리하여 결국에 통찰과 같이 선물로 주어집니다.

인식의 길

포기

영혼과 정신의 질서에 관하여 알고 난 후, 빔의 길 즉 감각과 정신과 의지의 밤으로 가려고 해야 우리는 본질적인 철학적 인식의 길을 위해 우리를 엽니다. 그 길에서 우리는 우리들에게 보여진 현상의 표면적인 것을 넘어 현상의 중심, 현상의 감춰진 질서, 현상의 본질을 파악합니다. 이 인식의 길은 영혼과 정신의 움직임들에 관한 본질적인 통찰로 우리를 이끕니다. 또한 이 인식의 길은 통찰을 전제합니다. 저는 이 길을 현상학적 인식의 길이라 부릅니다.

이 길은 포기를 통하여 인식으로 이끕니다. 어떤 목적과 자신 의도의 포기 또한 이제까지의 지식의 포기(그 지식이 우리에게 이제까지 아주 분명하게 나타났을지라도), 그리하여 이제까지의 지식을 잠정적인 것으로 우리 뒤로하고, 완전히 새롭고 기대되어지지 않은 것을 위하여 열릴 준비를 통하여 우리는 인식에 이릅니다.

공명정대

현상학적인 인식의 길에서 얻어진 새로운 인식은 빔과 감각과 정신의 밤을 전제합니다. 또한 갈망과 두려움이 없는 의지의 밤도 전제합니다. 더 나아가 이 새로운 인식은 그 인식의 결과로 생기는 적대와 저항에 동의함을 전제합니다. 여기에서 나타난 인식은 본질적 인식이기에 우리뿐만 아니라 다른 사람들을 가만 두지 않습니다. 사람들은 상관없는 체하면서 뿌리칠 수 없습니다. 바로 이것이 본질적인 인식이라는 것을 보여 줍니다. 그러기에 이 인식은 설명하지 않아도 효력을 발합니다. 이 인식은 아무런 증거를 필요로 하지 않습니다. 거절하며 없는 것으로 할 수 없습니다. 이 인식은 창조적인 인식입니다. 멈추게 할 수 없는 어떤 것을 가져옵니다. 이 인식은 어떤 개념이나 이론으로 정립되지 않습니다. 왜냐하면 인식은 항상 개념이나 이론을 앞지르기 때문입니다.

어떻게 인식은 그러한 효과들을 가집니까?

인식은 빔에서 창조적인 근원적 힘의 움직임을 위하여 열려 있고, 그 힘에 자신을 종속시키기에 그러합니다.

단계들

이제 인식의 길로 가 봅시다.

첫째 단계: 나타나는 현상에 선택하지 않고 평가하지 않고, 그 모두가 어떠하든 자신을 내맡깁니다. 그리고 그것들이 어떠하든 거기에 동의합니다. 이 태도에서 사람들은 그 무엇에게도 마음의 문을 닫지 않습니다. 모든 것은 우리를 두려워하지 않고 우리와 공명에 옵니다. 그리고 우리도 있는 그대로의 그 모든 것에 동의하면서 그 모든 것과 공명에 옵니다.

두 번째 단계: 우리는 내맡긴 것의 충만으로부터 갑자기 어떤 것

이 나타나기를 기다립니다. 이렇게 나타나는 것은 힘인 동시에 명령으로 나타납니다. 현상의 숨겨진 뒷면에서 번개와 같이 어떤 것이 밝게 드러납니다. 그리고 우리에게 즉시 하여야 할 것을 보여 줍니다. 우리는 이것이 내부에서 보여지는데도 밖에서 오는 것으로 경험합니다. 우리가 이를 따르면, 그것은 우리에게뿐만 아니라 내맡긴 다른 사람에게도 어떤 것이 생기게 합니다. 그러하기에 우리 자신만이 행동하는 게 아니고, 다른 어떤 것이 우리를 통하여 효력을 발합니다.

적용

이렇게 나타나는 인식은 바로 적용을 요구합니다. 창조적인 인식이기 때문입니다. 추론이나 추론에서 얻어진 결론이 아닙니다. 이 인식은 우리를 덮칩니다. 우리가 이 인식을 말하고 행동하면 이 인식은 다른 사람들도 덮칩니다. 이 인식은 창조적 응용 인식입니다. 이 인식은 창조적 철학입니다.

    적용 없는 모든 인식은 아무런 소용이 없습니다. 무엇보다도 창조적인 근원의 힘과 공명에서, 그리고 그 힘의 지시와 신호를 기다림에서 오는 인식이기가 어렵습니다. 우리는 우리 자신의 인식과 다른 사람의 인식이 본질적인 것을 야기하게 하는 행동으로 이끄는가로 검증할 수 있습니다.

    이 인식의 길에서 나타나는 것은 그것이 창조적이기에 결코 완전하지 않고, 결코 최후의 것이 아니고, 결코 완전한 진리가 아닙니다. 한 단계는 다음 단계가 따르기 때문입니다. 다음 단계 앞에서 우리는 기다립니다. 다음 단계가 가야 할 방향이 우리에게 보일 때까지, 우리는 빔에 머물러 있습니다.

그리하여 우리는 다음 단계에서 행동 후에 즉시 물러서서 창조적인 근원의 힘에게 역사를 맡깁니다. 우리는 빔으로 돌아와 다음 순간과 계기를 위하여 우리를 엽니다.

진리

이제 우리는 다음과 같이 질문합니다. 인식되어진 진리는 어디에 있습니까? 우리 안에 있습니까, 아니면 밖으로부터 와서 단지 우리에게 보여집니까?

마틴 하이데거Martin Heidegger는 진리를 고대 그리스인들의 진리의 경험과 관련시켜 감춰지지 않는 것으로 서술합니다. 여기에서의 진리는 이제까지 감춰진 것에서 감춰지지 않는 것입니다. 다시 말하자면 진리는 우리에게 나타납니다. 우리가 진리를 보고 받아들여야 진리는 우리 안에 있으며, 그래야 진리에 우리를 맞출 수 있습니다. 즉 진리가 우리에게 나타난 후에 우리는 우리의 생각이나 개념을 제어하여 그것들이 실상과 일치하도록 할 수 있습니다. 우리는 진리를 경험할 수 있는 현실에 맞춰 하나의 진리를 검증하고 실험할 수 있습니다. 이 실험이 반복될 수 있다면 우리는 이 진리를 과학적이라 부릅니다. 이것도 진리의 응용입니다. 진리를 이렇게 다룸으로 위대한 성과가 생긴 것은 의심할 여지가 없습니다. 그리고 그렇게 한 것은 아주 중요합니다.

그렇다고 과학적 진리가 진리 전체는 아닙니다. 본질적인 것에 관한 것 예를 들면 평화, 운명, 영혼을 충족시키고 행복하게 하는 것 더 나아가 용기, 지혜, 정신(영) 등에선 과학적인 진리가 우리에게 아무런 도움이 안 됩니다. 예술적인 창조, 정치적 결단 등은 통찰을 통해야 행동이 나옵니다. 그러나 이 통찰은 행동의 순간에는 주어진 어떤 것에 맞출 수도 검증하게 할 수도 없습니다. 여기에선 통찰이 실상과 결과를 만들기에, 검증할 수 있는 실상이 존재하지 않기 때문입니다.

이 통찰은 숨겨진 어떤 것과의 공명에서 옵니다. 그리고 모든 것에서 균등하게 창조적으로 작용하는 것과 공명에 있기에, 언제나 행동으로 이끌고 행동을 가능하게 하며 동시에 행동을 요구합니다.

가족세우기

가족세우기도 이러한 의미에서 예술입니다. 그러기에 과학적으로 사용되어질 수도 검증되어질 수도 없습니다. 가족세우기의 결과가 과학적 방법으로 다른 방법의 결과와 비교하여 그 결과가 아무리 흥미롭다 할지라도, 실제 가족세우기를 위해 아무런 영향을 미치지 않습니다. 그 결과를 알아도 앞으로 이끄는 다음 단계를 찾기 위해선 아무런 도움이 안 된다는 말입니다. 가족세우기를 하기 위하여 교육을 받은 사람도 구체적인 상황에선 배운 것을 적용할 수 없습니다. 모든 새로운 단계는 두 번 다시 없기 때문입니다.

가족세우기 교육이 아무런 소용이 없다고 말하는 것은 아닙니다. 단지 기술적인 것이 아니라, 이 인식의 길에 같이 감을 위하여 그리고 이 인식이 성장과 정화를 요구하고, 가능하게 하는 것을 훈

련함을 위해선 필요합니다.

가족세우기는 스스로 모든 참가자들을 놀라게 하면서 대역자들이 본인과(본인을 알지 못하는데도) 통하는 것을 보였습니다. 대역자와 본인을 연결시키는 우리가 알지 못하는 어떤 것이 있다는 것을 보였습니다. 루퍼트 셸드레이크Rupert Sheldrake는 이것을 형태장形態場이라고 명명합니다. 그는 우리가 움직이고 있는 이 형태장 안에는 모든 옛것이 저장되어 있어, 현재에 효력을 끼친다고 설명합니다. 현재의 것은 과거의 것과, 좋은 것뿐만 아니라 나쁜 것과 공명에 있습니다. 그의 관찰은 이 현상을 아주 잘 설명하고 있습니다.

현상학적인 인식의 길을 통하여 가족세우기에 중요한 통찰이 더해졌습니다. 이 통찰은 하나의 조직 내에서의 어떤 표본을 이해하게 하며, 갈등을 유발시키는 태도들이 꿰뚫어 보여 화해로 넘어설 수 있게 도움을 내놓습니다. 많은 사람들은 가족세우기 결과를 감옥에서 해방된 것과 같은 것으로 경험합니다. 가족세우기는 다르게, 충만하게 행동하는 자유를 선물합니다.

가족세우기와 관련하여 이 인식의 길에서 얻은 가장 중요한 통찰은 종교와 양심에 관한 것입니다. 우리는 이제 어떤 역할을 양심이 하는지, 그리고 그룹 내에서와 그룹 간에 양심이 무엇을 야기하는지를 더 잘 이해할 수 있습니다. 우리는 또한 우리의 신에 관한 상들이 어디에 뿌리를 두고 있는지, 그리고 신에 관한 상들이 그룹 내에서와 그룹 간에 무엇을 야기하는지도 더 잘 이해할 수 있습니다. 이 통찰로부터 인간의 공동 삶을 위하여 광범위한 결과들이 생깁니다.

한계

그러나 여기에서 이 인식의 응용은 강렬한 저항에 부딪칩니다. 현상학적인 인식의 길을 여기까지 따라와서, 단순히 다른 사람으로부터 통찰을 넘겨받지 않고 스스로 이 관계의 통찰을 얻은 사람들은, 어떻게 누구에게 이 인식을 주어 그가 사용하게 하는데 조심하여야 합니다. 이 통찰은 노력으로 습득되어질 수 없고 우리에게 선물로 주어지기에 그러합니다.

다른 관점

우리들의 관계에서 우리들은 다른 사람을 만날 때 우리와 다른 사람을 거의 개인으로 알고 만납니다. 우리는 우리의 느낌과 그의 느낌뿐만 아니라 우리와 그의 반응들을 우리 개인의 탓으로 돌립니다. 우리와 그의 소원이나 행동에 있어서도 마찬가지입니다. 그러기에 우리나 그의 이 느낌, 반응, 그리고 소원과 행동 등이 우리의 손에 달려 있다는 것을 기대합니다. 다르게 말하자면 우리나 그가 자유롭다는 것을 기대합니다.

너와 나

그러나 우리와 다른 사람은 우리 부모의 자녀입니다. 우리 둘은 가족에 매여 있습니다. 가족 뒤에는 많은 조상들이 있어 계속 효력을 발하고 있습니다. 조상들은 여러 가지의 많은 사건과 운명에 휩쓸려 결정되어져 어느 한 방향으로 움직였습니다. 우리와 다른 사람은 각자 다르게 제한되고 얽혀 있습니다. 우리와 그는 다른 한계들과 가능성을 가지고 있어서 각자 다르게 열려 있거나 닫혀 있습니다.

그래서 내가 다른 사람을 만나게 되면 그를 넘어 그의 부모, 형제자매, 조상들 그리고 그의 가족에게 일어난 모든 것을 보아야 합니다. 또한 어떤 것은 좋게 끝났으나 아직도 끝나지 않은 다른 것을 보아야 합니다. 그래서 모든 것을 종결시키고 지나게 하는 좋은 결말을 위해 무엇이 필요한가를 보아야 합니다.

나와 너

나도 그를 개인으로서 만나지 않습니다. 나를 통하여 나의 부모, 나의 조상, 나의 가족의 과거에 발생한 모든 것 그리고 완성된 것뿐만 아니라 완성되지 않은 것이어서 아직도 풀림과 결말을 필요로 하는 모든 것이 그를 만납니다.

나는 개인으로서 그로부터 어느 정도 물러서서, 나를 통하여 멀리에서 그에게 작용하는 것에 방해가 되지 않게 합니다. 내가 이렇게 그를 만나면, 그도 개인으로서 그를 통하여 나를 넘어 보고, 나를 넘어 작용하는 것에 더 이상 방해가 되지 않습니다. 그러면 우리 사이에 어떤 것이 진행됩니다. 그 진행에서 우리는 플레이어라기보다 차라리 관객입니다. 우리는 유희의 부분이지만 동시에 유희를 잊고 있습니다.

이는 우리의 만남에 자유로움을 가져옵니다. 우리는 거기에 있지만 또한 거기에 있지 않기도 합니다. 간여하고 있지만 동시에 놓여 있습니다. 우리는 우리 사이에 발생한 것을 더 이상 심각하게 받아들이지 않습니다. 그리하여 우리와 그는 기이하게 떨어져 있습니다. 그럼에도 우리는 더 깊게 연결되어 있습니다.

영적인 차원

우리의 시선은 더 넓게 갑니다. 나와 그로부터 더 포괄적으로 풀어져 우리의 시선은 더 멀리 가야 합니다. 모든 것이 안겨 있고, 마지막까지 의존되어 있는 전체를 보게 되면 나는 모든 것에서 가깝고 직접적인 것을 넘어 영적인 차원으로 갑니다. 여기에선 모든 것이 벗겨져 있습니다. 여기에선 아무것도 더 이상 좋거나 나쁘거나, 고상하거나 저급하거나, 중요하거나 중요하지 않거나, 높거나 낮거나, 좁거나 넓지 않습니다. 모든 것은 잠정적이어서, 다음 단계의 잠정적인 것에게 자리를 내줍니다. 그리하여 마지막에는 항상 있는 어떤 것에게 되돌아가 있습니다. 모든 인식도 또한 모든 진리도 잠정적입니다. 모든 실패와 마찬가지로 모든 성공도, 모든 죄와 무죄도, 모든 덕과 부도덕도, 모든 정의와 불의도 잠정적입니다.

그러기에 이 시선은 순수하고, 걱정이 없으며, 의도가 없어 두려움이 없습니다. 또한 시선은 전체와 공명에 있기에 맑습니다. 이 시선은 모든 것에서 마침내 우리와 전체를 연결하는 본질적인 것을 파악합니다. 본질적인 것을 파악하기에 자신과 다른 것들을 전체와 연결하는 행동으로 이끕니다. 이 행동은 자신과 다른 것들을 잠정적이고 개별적인 것으로부터 풀고 본질적인 것을 위하여 모두를 자유롭게 합니다. 이 행동에서 본질적인 인식은 목표에 도달합니다. 인식은 평온하게 됩니다. 그렇다고 인식과 행동이 여기에서 멈추지 않습니다. 인식과 행동은 다른 흐름에 안겨 갑니다. 이 흐름에서 그들은 평온히 있으나 인식하면서 동시에 작용합니다.

순수한 시선

이렇게 우리가 다른 사람들을 다르게 만나는 것처럼, 우리의 영혼과 몸을 다르게 만날 수 있습니다. 예를 들면 질병 또는 사건이나 얽힘, 혹은 자신이나 남의 죄 등입니다. 우리는 이것들을 넘어 봅니다. 여기에서도 우리는 개별적인 것을 넘어 다른 어떤 것이 우리를 통하여 보게 하여 우리 자신 너머에 있는 관계를 보게 합니다. 그리하여 우리는 어떤 질병이 어떤 사람과 연관되어 있을 수 있다는 것을 관찰할 수 있습니다. 질병을 통하여 그 사람은 우리에게 말합니다. 우리로부터 관심, 인정, 감사 혹은 사랑, 보상, 화해 또는 이별을 원합니다. 개인으로부터가 아니라 우리가 속해 있는 가족이나 더 큰 그룹으로부터일 때도 있습니다.

그러나 이 시선도 충분히 넓지 않습니다. 전체를 보고 개별적인 것이 전체 안에 안겨 있고 완성되어 있다는 것을 아는 순수한 시선이 요구됩니다. 그러면 질병은 완화될 수도 있습니다. 질병은 몸 그리고 영혼과 함께 정신(영)적인 것으로 끌어 올려집니다. 질병은 다른 힘에게 맡겨집니다. 그리하여 질병은 의미가 있는 동시에 의미가 없어집니다.

우선 무엇보다도 우리가 물질과 영혼으로부터 정신(영)으로의 걸음을 완성하는 것이 전제됩니다. 더 정확히 말하자면, 우리는 우리를 영적으로 인식하면서 그리고 행동하면서 정신(영) 안으로 가게 해야 합니다. 우리가 우리의 몸과 영혼을 돕기 위하여 우리의 몸과 영혼으로 무엇을 하든, 영적인 것이 그들 안에서 작용하게 하여 몸과 영혼을 좁고 직접 누르고 있는 것으로부터 들어 올리게 합니다.

연계와 자유

자녀를 넘어 그들 뒤에 있는 강한 영적인 것을 볼 수 있는 부모와 같이 자녀들도 부모를 넘어 볼 수 있습니다. 그러면 양쪽 다 자신들의 염려의 어떤 것을 놓습니다. 또한 기대와 소원을 놓아 정신(영)에서 다른 방법으로 서로 하나가 되면서 동시에 자유롭습니다.

이는 특별한 의미에서 응용철학입니다. 이 철학은 단순하고 소박하여 무거운 것을 뒤로하며 깊고 자유롭습니다. 이 철학은 강제적이지 않지만 힘을 가집니다. 언제나 흐름에 있기에 끝이 없습니다. 이 철학이 원래의 사랑입니다.

양심

양심은 우선 다른 인간들과 관련된 행동을 동반하는 본능적인 지식입니다. 양심은,

1. 귀속되기 위하여 필연적인 것을 아는 지식
2. 내가 어떤 것을 받았으나 되돌려주지 않았기에 다른 사람에게 빚을 지고 있다는 것을 아는 지식, 또는 어떤 사람에게 해를 입혔거나 빼앗았지만, 조절로서 아직 스스로 비슷한 방법으로 고통받고 있지 않다거나 또는 어떤 것을 잃지 않고 있다는 것을 아는 지식
3. 한 그룹이 그 그룹으로 존속하고 행동할 수 있어야 하는데, 그 그룹에 빚을 지고 있다는 것을 아는 지식, 즉 무엇이 한 그룹의 존속과 발전을 위하여 나의 기여인지 아는 지식

선한 양심과 거리낌 있는 양심

양심이 우리에게 무엇을 요구하는지 어떻게 압니까? 죄책감과 죄 없는 느낌을 통하여 압니다. 다시 말하면 거리끼는 양심과 거리낌 없는 양심입니다. 양심이 거리끼면 우리는 우리의 행동을 변화시켜

양심의 거리낌에서 벗어날 수 있습니다. 그런 후에는 죄책감에서 벗어납니다. 우리는 죄 없음을 느껴 더 이상 양심에 거리낌을 갖지 않습니다.

양심은 우리에게 아무런 지시를 하지 않습니다. 양심은 무엇이 행하여져야 할 것을 아는 지식이 아니라, 상태와 느낌을 아는 지식입니다. 양심의 거리낌을 벗어 무죄의 느낌을 다시 회복하기 위하여 우리가 구체적으로 무엇을 해야 하는지 양심은 우리에게 가르쳐 주지 않습니다. 우리는 방법을 선택할 수 있는 어느 정도의 자유를 가집니다. 우리는 여러 가지 방법을 시험하여 거리낌 있는 양심으로부터 우리가 얼마나 벗어났는가를 느낌에서 검사할 수 있습니다.

양심은 우선 첫째로 느낌입니다. 우리는 양심으로 우리가 속한 중요한 그룹에게로 우리의 귀속감을 보장하기 위해 우리가 어떻게 행동해야 하는지 알 수 있습니다.

평형감각

우리는 양심을 평형감각에 비교할 수 있습니다. 평형감각으로 언제나 우리는 평형을 잃었는지 또는 되찾았는지 느낄 수 있습니다. 여기에서도 우리가 무엇을 해야 하는지 아무런 지시가 주어지지 않습니다. 오직 우리는 우리의 행동이 평형을 되찾는지 또는 그렇지 않은지 우리의 느낌으로 검사합니다.

신화들

선한 양심과 거리낌 있는 양심에 관하여, 많은 검증되지 않은 상상과 신화들이 난무합니다. 신화들은 경험될 수 있는 것과 맞지 않는 가치를 양심에 줍니다. 양심은 우리 영혼에 있는 신의 소리이기에 우리가 어떤 경우에도 양심을 따라야 한다는 주장은 하나의 예입니다. 만약 그렇다면 모든 인간은 같은 양심을 가져야 하는데 그렇지 않다는 것은 분명합니다. 인간이 같은 양심을 갖는다면 어떻게 전쟁이나 다른 투쟁에서 좋은 양심으로 적대자들을 서로 없애려고 싸울 수 있겠습니까?

양심은 우선 첫째로 우리에게 중요한 그룹에, 무엇보다도 우리의 생존이 걸린 그룹에게로 우리의 소속을 보장합니다. 양심은 우리를 이 그룹에 묶습니다. 이 그룹이 우리에게 무엇을 요구하든지 상관하지 않고 양심은 우리를 이 그룹에 묶습니다.

양심과 그룹

원래 우리는 우리를 한 그룹의 부분으로 경험합니다. 그래서 우리가 이 그룹을 떠나 다른 비슷한 그룹에 속할 수 없다면 우리는 불완전하고 잃은 것으로 경험하게 됩니다. 우리의 생존을 위한 중요한 그룹에서 모든 부분은 전체에 봉사합니다. 모두 전체에 속해 있음과 의무를 느끼기에 부득이한 경우에는 전체를 위하여 자신을 기꺼이 희생하려고 합니다. 개인은 전체에서 자신의 충족이 오기에, 전체에 봉사함에서 몰락하여도 전체에서 살아남습니다.

양심은 개인의 생존보다 그룹의 생존에 더 봉사합니다. 우선 첫째로 그룹 양심입니다. 우리가 이것을 인식하고 심각하게 받아들여야 우리는 우리에게나 다른 사람에게서 관찰할 수 있는 기이하고 나쁜 행동들을 이해합니다.

    귀속되기 위하여 개인은 자신이 속한 그룹이 요구하는 모든 것을 합니다. 그래서 그는 그룹에서 자신의 양심에 따를 때에는 아무런 독립적인 자신이나 자아를 갖지 않습니다. 그룹에서 그가 자신이나 자아로 경험하는 것은 원래 그룹 자아나 그룹 자신입니다. 그러기에 많은 사람들은 그룹에서 아주 빨리 제정신과 침착함과 판별 능력을 잃습니다. 무엇보다 그들은 자주 선한 양심으로 다른 사람들에게 위험하고 무섭습니다.

양심의 두려움

그룹의 개인에 대한 우위는 집단 확신과 집단행동으로 이끕니다. 이 확신과 행동은 냉철한 관찰을 견디지 못하기에 관찰을 방해하거나 금지합니다. 그룹 양심의 굴레와 그룹 양심이 정해 준 지시로부터 개인이 벗어나기가 얼마나 어려운지 여기에서 분명합니다. 개인은 그룹의 확신과 지시를 고집하고 있는 사람들의 협박과 그들로부터 가해지는 처벌의 두려움을 극복해야 합니다. 이 두려움을 넘어서야 그는 스스로 현실에 자신을 맡길 수 있습니다. 그리하여 양심 너머에 있는, 양심에 눈이 멺과 강요로부터 그를 자유롭게 하는 통찰을 얻을 수 있습니다. 단지 부분적으로 이뤄질지라도 말입니다.

의식되지 않는 양심

우리가 느끼는 양심 외에 의식되지 않는 양심이 있습니다. 그룹에서 나타나는 의식되지 않는 양심의 효과로서 우리는 그 양심의 법칙을 알아챕니다. 이 양심은 느껴지지 않습니다. 무엇보다 우리가 느끼는 선한 양심과 거리낌 있는 양심이 이러한 다른 양심을 덮어, 느껴지지 않는 양심으로 밀어젖히기에 그러합니다.

우리에게 느껴지는 양심과 달리 이 느껴지지 않는 양심은 그룹 양심입니다. 이 양심은 집단 양심입니다. 가족 공동 양심입니다.

귀속에의 동등한 권리

이 집단 양심은 두 개의 기본 법칙을 관철합니다.

첫 번째 법칙은 그룹의 모든 성원은 같은 귀속에의 권리를 갖습니다. 우리가 느끼는 양심에 반해 이 양심은 구성원의 어떤 제외도 허락하지 않습니다. 그러기에 한 그룹의 모든 구성원은 이 양심의 영역 안에서 안전하게 느낍니다. 그럼에도 우리가 느끼는 양심의 영향을 받아 한 구성원이 제외되면, 집단 양심은 제외된 구성원을 그룹 후대 구성원으로 대체합니다. 이 후대 구성원은 제외된 구성원과 같이 느끼고 행동합니다. 이것은 그룹 어느 누구에게도 의식되지 않습니다.

집단 양심은 그룹의 완벽을 감시합니다. 그래서 잃어버린 완벽을 다시 회복하려고 합니다. 그때 집단 양심은 제외로 이끈 이유들을 고려하지 않습니다. 그래서 이 양심은 느껴지는 양심과 달리 비도덕적입니다. 더 정확히 말하면 선$^\text{先}$도덕적입니다. 이 양심은 도덕적인 의미에서 선과 악을 식별하지 않는 원초적인 양심입니다.

집단 양심은 그룹의 완벽을 다시 세우려고 합니다. 그때 그룹 양심은 제외된 구성원을 나중에 대신하여 그를 다시 그룹 안으로 데려와야 하는 후대의 죄나 죄 없음을 고려하지 않습니다. 이 관점에서 집단 양심은 비도덕적입니다.

집단 양심은 우리가 느끼는 양심보다 도덕적으로 우월합니다. 집단 양심은 그룹의 완벽과 각 그룹 구성원의 생존을 우선으로 하기 때문입니다. 구성원의 귀속과 제외를 더 나아가 구성원의 삶과 죽음을 결정하는 도덕적 양심에 반해 이 느껴지지 않는 양심은 그룹 모든 구성원의 생명을 도덕적 판결에 대항하여 보호하기 때문입니다.

그렇다고 모든 가족 구성원이 집단 양심에 잡혀 봉사하는 게 아닙니다. 어떤 구성원이 포함되는지 영혼의 장, 공동 영혼에서 이미 언급했습니다만 다시 열거합니다.

1. 형제자매: 모든 형제자매, 사산과 인공유산 포함
2. 부모와 부모의 형제자매
3. (외)조부모, 예외로 그분들의 형제자매
4. 가끔 (외)증조부모
5. 더 먼 선대의 경우 살인자와 피해자가 한 조상인 경우
    이 외에도 혈연이 아니지만 조상을 위하여 자리를 내준 분들
6. 부모와 (외)조부모의 전 배우자
7. 혈연이 아니지만 그분들의 손실이 가족에 이익이 된 경우

다음의 경우에도 같습니다.

8. 살인자는 피해자의 가족, 피해자는 살인자 가족의 집단 양심에
   속합니다.

   어떻게 집단 양심의 범위가 이렇게 정확하게 인식됩니까? 우리가 가족세우기에서 오직 이분들만이 나중에 다른 가족들에 의해 대신 되어진다는 것을 관찰할 수 있기 때문입니다.

앞과 뒤

집단 양심은 두 번째 법칙을 관철합니다. 이 법칙도 원초적이며 집단 양심에 속한 그룹의 생존과 결속에 봉사합니다. 이 법칙은 다음과 같습니다. 그룹에 먼저 속한 사람은 나중에 온 사람보다 우선권을 갖습니다.
   이 법칙이 갖는 의미는 무엇이고 무엇을 야기합니까?
   이 법칙은 모든 구성원에게 맞는 서열을 정해 줍니다. 외부에서 보기에 계급적으로 나타나지만 완전한 평등의 모델입니다. 모든 구성원은 세월에 따라 똑같은 성장과 승진의 가능성을 갖기 때문입니다. 이 가능성을 얻기 위해 싸우거나 노력할 필요가 없습니다. 세월과 함께 저절로 됩니다.
   그러기에 이 법칙은 내부의 평화와 그룹의 결속을 지켜 줍니다. 경쟁심과 높은 위치를 차지하기 위한 권력투쟁을 저지하기에 그룹의 생존을 위한 기본적인 서열 원칙입니다. 이 법칙을 지키지 않는 사람은 그룹 생존을 위태롭게 하는 그룹 내부의 적이 됩니다. 그래서 그런 사람은 귀속에의 권리를 잃고 집단 양심에 의해 그룹에서

추방됩니다. 고대에서 이러한 추방은 죽음을 뜻했습니다. 그룹의 생존을 위해선 그룹을 위태롭게 하는 사람의 귀속에의 권리는 거부됩니다.

여기에 제가 서술한 것은 관찰에 의해 얻어진 것이라고 분명히 말하고 싶습니다. 이 법칙은 오늘날에도 같은 엄격함을 가지고 적용되기에 그러합니다. 가족의 비극은 가족 구성원이 이 법칙을 지키지 않을 때 발생합니다.

비극

비극은 같은 기본 원형을 갖습니다. 그리스의 비극에서뿐만 아니라 오늘날의 가정 비극에서 우리는 증인입니다. 후대의 누군가는 선대의 일에 관여합니다. 후손이 해서는 안 될 일을 선대를 위하여 하려고 합니다. 자녀나 손자녀는 부모나 (외)조부모를 위하여 죄, 사명, 속죄 등을 넘겨받으려고 합니다. 그때 그들은 가족 내의 누군가를 위하여 다른 사람에 대항합니다. 이때 양심을 따르기에 그들은 순진무구하게 느끼며 기분 좋아합니다. 동시에 그들은 집단 양심의 두 번째 법칙을 어깁니다. 그러나 그들은 그들이 느끼는 양심이 이 위반을 요구하며 그들을 정의와 순진무구의 느낌으로 보상하기에 두 번째 법칙을 어겼다는 것을 감지하지 못합니다. 그러나 집단 양심으로부터 그들은 실패와 몰락의 벌을 받습니다. 그러기에 참혹한 비극은 보통 주인공의 죽음으로 끝납니다.

비극의 주인공들은 선대의 누군가를 위하여 어떤 것을 하려는 마음에서 어린이들입니다. 이는 모든 비극의 시작이며 가망 없이 끝나는 오만과 불손이며 월권입니다.

벗어날 길

이 두 양심의 작용을 통찰함에서 우리는 어디에 타개책과 풀림이 있는지 이해해야 합니다.

한편에서는 서로 대항하지만 다른 편에서는 서로 보완하고 있는 두 양심의 작용을 통찰함에서 인간 공동생활에 넓게 미치는 결과들이 생깁니다. 이 통찰을 통하여 우리는 우리뿐만 아니라 다른 사람들의 행동에서 비이성적이거나 혹은 맹목적인 더 나아가 살인적인 것을 이해합니다. 또한 우리는 많은 질병들과 자살 또는 결국에 모두 패자가 되는 권력투쟁의 배경들을 이해합니다.

공명

이 방법으로 얻어진 통찰로 우리는 우리 양심이 우리의 지각에 지워 준 경계를 넘어 성장합니다. 그렇다고 우리가 속해 있는 그룹으로부터 벗어날 필요는 없습니다. 통찰은 우리 그룹과 그룹의 발전에 봉사하기에 그러합니다. 이 통찰은 우리 그룹이 다른 그룹과 다른 그룹의 통찰과 가능성에 자신을 열게끔 돕습니다. 이제까지 우리 그룹은 개인적인 양심의 영향하에 다른 그룹의 통찰과 가능성에 자신을 닫았기에 그러합니다.

그럼에도 우리 그룹에의 귀속은 높은 가치가 있으며 우리 그룹의 생존에 필요 불가합니다. 우리의 생존이 우리 그룹에 달려 있기에 우리는 우리 그룹을 벗어나서는 안 됩니다. 그러기에 우리는 양심에 관하여 얻은 통찰을 우리 그룹 내에 적용하며 또한 우리는 어느 정도 우리를 이 양심에 그룹을 결속하게 하는 힘으로 순응합니다.

양심의 계속적인 발전

양심은 철학적인 의미에서 통찰이나 지식이 아니고, 우리의 행동이 우리의 귀속을 지켜 주는가 혹은 위태롭게 하는가에 대한 느낌을 지각하는 것입니다. 양심은 양심이 적용되는 내용에 관한 한 변화되고 계속 발전됩니다. 이것을 역사는 보여 줍니다. 우리는 조상들이 양심에 거리낌 없이 열광하며 전쟁터에 간 것을 오늘날에에는 더 이상 따라 하지 않습니다.

이제까지 양심의 영향 아래 있었기에 감지해서도, 인정해서도 안 되는 새로운 통찰을, 인식의 길에서 얻은 철학자는, 양심을 하나의 현실로 존중하고 이 현실로부터 이 새로운 통찰에 알맞은 행동을 허락하는 어떤 것이 나타날 때까지 기다립니다.

영(정신)적인 양심

영(정신)도 모든 것 그리하여 서로 상반되는 것들과 연결되어 있습니다. 그리하여 정신도 자신이 있는 모든 것과 있는 그대로 연결되어 있고 공명에 있는지, 또는 그렇지 않은지 직접 알아챕니다. 그러나 정신은 모든 것과 공명에 있기에 누구의 편도 들지 않습니다.

어떻게 우리는 영적인 차원에서 공명과 연결을 알아챕니까? 연결이 끊겼거나 혹은 위태롭기에 우리가 더 이상 공명에 있지 않다는 것을 알아챕니까?

　공명은 집중되어 있으며 모든 것에 있는 그대로 향하고 있습니다. 공명은 모두와 모든 것에 있는 그대로 사랑에 있습니다. 공명을 제한하는 모든 것이나 공명이 사라짐은 불안으로 경험됩니다. 여기에서도 우리는 본능적인 양심에서와 같이 죄책감과 양심의 거리낌에 비교되는 불안과 불안정을 느낄 수 있는 반응을 얻습니다.

　또한 우리는 영적인 차원에서 양심에 거리낌이 없을 때 얻는 죄 없음과 비교되는 느낌을, 우리가 모든 것과 연결되어 있어 모든 것에 안겨 있다는 것을 알 때 평안과 안정의 느낌을 갖습니다. 통찰과 함께하는 영적인 느낌이기에 깨어 넓게 있습니다.

　본능적인 양심에 비해 이 느낌은 두려움과 서두름이 없습니다. 다른 양심은 분리하지만, 영적인 양심에서 오는 행동은 연결합니다. 영적인 양심은 모두의 평화에 봉사합니다.

　이것이 무슨 내용을 갖는지 저는 다음과 같이 서술합니다.

모든 것

모든 것은 모든 것과 연결되어 있기에 모든 것일 수 있습니다. 그러기에 누구나 모든 것과 연결되어 있습니다. 아무것도 홀로일 수 없습니다. 자신 안에 다른 모든 것이 있기에 홀로입니다. 나도 또한 모든 것입니다. 모든 것은 나 없이 있을 수 없습니다. 나도 또한 모든 것 없이 있을 수 없습니다.

　위의 것이 내가 살고, 느끼고, 존재하는 것과 무슨 관계가 있습니까? 나는 각 개인에게서 모든 인간을 봅니다. 그리하여 그에게서 나도 봅니다. 나는 내 안에서 또한 모든 인간들을, 각자 그인 그대로 느낍니다. 모든 인간은 각 개인에게서 나를 만납니다. 그리고 나도 모든 인간에게서 각 개인을 만납니다.

어떻게 내가 모두에게 있는 나를 거절하지 않고 모두에게 있는 어떤 것을 거절할 수 있겠습니까? 어떻게 내가 그들 안에 있는 나를 기뻐하지 않고 그들에게 기뻐할 수 있겠습니까? 어떻게 내가 나에게 그리고 모든 다른 사람에게 잘되라고 기원하지 않고 한 사람에게 잘되라고 기원하겠습니까? 어떻게 내가 모든 사람을 사랑하지 않고 나를 사랑할 수 있겠습니까?

모두에게서 모두를 보는 사람은 모두에게서 자신을 보고, 자신을 만나고, 자신을 찾습니다. 그러기에 다른 사람을 해치는 사람은 자신도 해치며 다른 사람에게 상처를 주는 사람은 자신에게도 상처를 줍니다. 다른 사람을 잘되게 하는 사람은 자신도 잘되게 합니다. 다른 사람에게 어떤 것을 유보하는 사람은 자신에게도 어떤 것을 유보합니다. 다른 사람을 무시하는 사람은 자신도 무시합니다.

다른 사람을 진정으로 사랑하는 사람은 모두를 사랑합니다. 그리하여 이웃 사랑은 동시에 나를 포함한 모든 것의 사랑입니다. 이 사랑은 순수한 사랑이며 충족된 사랑입니다. 이 사랑은 모든 것에서 모든 것을, 무엇보다 자신을 갖기에 그러합니다.

짐을 벗음

우리에 대한 염려

우리를 압박하고 누르는 어떤 것이 우리의 어깨에서 벗겨지면 우리는 짐을 벗은 느낌을 갖습니다. 그러면 우리는 깊은 숨을 내쉬고 걱정 없이 움직입니다.

우리를 이렇게 누르고 있는 것은 무엇입니까? 우선 우리 생계에 대한 염려입니다. 우리가 이 염려로부터 나와서 행동하여 생계를 영위할 수 있다면, 우리는 이 염려에서 벗어나 걱정이 없습니다.

다른 사람들에 대한 염려

다른 사람들에 대한 염려도 우리를 누릅니다. 부모는 자녀 걱정을 하고 자녀는 부모 걱정을 하며, 남녀는 배우자 관계에서 서로 걱정을 합니다. 이 걱정이 다른 사람의 걱정을 벗겨 주는 행동으로 이끌면 양쪽은 짐을 벗습니다. 걱정을 하는 사람이나 걱정을 하게 하는 양쪽 다입니다.

가끔 이 걱정은 상대에게 짐을 지워 줍니다. 그를 제한하여 그가 스스로 행동하는 것에 방해가 됩니다. 앞을 보고 스스로 행동하기보다 자신에 대해 걱정하고 있는 사람을 바라봅니다. 그는 자신에 대해서보다 다른 사람들에 대해 더 걱정합니다. 그리하여 여기에서의 걱정은 서로에게 향하여 짐을 벗어 주기보다 짐이 됩니다.

두려움

무엇보다 우리는 우리의 상상으로 스스로 힘들어 합니다. 옳고 그름에 대한 상상입니다. 보통 우리는 통찰을 통해서가 아니라 우리 양심의 반작용에 의하여 상상을 합니다. 이 상상을 하면 두려움이 엄습합니다. 우리는 우리가 의존하고 있는 사람들의 사랑이나 호의를 잃지 않을까 상상합니다. 사실은 그렇지 않은데도 말입니다. 여기에서는 양심의 한계에 관한 통찰과 종속에서부터 스스로 책임지는 행동에로의 걸음이 두려움에서 벗어나게 합니다. 이 행동은 양심의 한계를 넘어 좋은 것과 알맞은 것을 보는 행동입니다.

죄책감

우리가 다른 사람에게 해를 끼쳐 그가 손해를 보았거나, 다른 사람에게 불의한 행위를 하는 등 자신의 죄로 우리는 특히 힘들게 느낍니다. 예를 들면 우리가 그들의 의존을 그들에게 해가 되게 이용하였을 때입니다. 우리가 우리에게 좋은 것을 행한 사람에게 같거나 그에 적당한 방법(감사해하거나, 귀하게 여김)으로 되돌려주지 아니했을 때도 우리는 힘들게 느낍니다. 그러면 우리는 여러 가지 방법을 시도합니다. 변상이나 진실한 감사로 잘되게 합니다. 죄를 인정함과 행하여진 불의에 대한 아픔이 적어도 부분이나마 우리의 죄책감을 벗겨 줍니다.

속죄

우리를 죄책감으로부터 벗게 하는 널리 퍼진 시도는 속죄입니다. 속죄란 내가 나에게, 내가 다른 사람에게 가한 비슷한 아픔을 가하는 것입니다. 속죄는 항상 포기입니다. 유익의 포기, 사랑과 존중의 포기입니다. 가끔 건강을 해치고 생명을 잃을 때도 있습니다. 속죄는 가해진 손해의 정도에 알맞은 보상에의 욕구에 상응하는 만큼 짐을 벗겨 줍니다.

그리하여 속죄는 자신의 면죄로 경험됩니다. 손해를 입은 사람도 상대의 속죄로 가끔 마음 편안함을 경험합니다. 그리하여 다른 사람의 손해에 기뻐하며, "그놈은 천벌을 받았어." 하며 좋아합니다. 상대가 해를 입음으로 짐을 벗은 것으로 느낍니다. 실제에 있어 이러한 짐 벗음은 비인간적입니다.

내가 손해를 끼친 사람에게 유용하게 되는 것만이 정말로 짐을 벗는 것일 수 있습니다. 그것은 오직 그와 나와 그리고 우리가 속한 그룹에게, 우리 모두를 앞으로 가게 하여 그 염려를 앗아가고 유익을 가져다 주는 행동뿐입니다. 죄(잘못)는 그러한 행동을 가능하게 하는 에너지를 줍니다. 그리하여 무거운 짐이었던 것이 힘이 됩니다.

정의

다른 사람이 우리에게 손해를 끼치거나 불의를 행할 때 우리도 그들의 죄로 짐을 집니다. 가끔 우리도 소위 정의로운 조절을 시도합니다. 즉 우리는 그가 자신의 불의를 조절하는 해를 당하기를 원합니다. 그리하여 우리도 비인간적으로 됩니다. 그러나 이러한 벗음은 연결하기보다 분리합니다.

무엇보다 자신도 다른 사람에게 책임이 있다는 관점에서, 입은 손해나 불의에 동의하는 사람은 가해자와 마찬가지로 입은 손해나 불의에서 다른 사람에게 봉사하고 다른 사람들을 앞으로 가게 하는 행동으로 이끄는 힘과 에너지를 얻습니다. 그리하여 이러한 행동은 결국에 자신을 더 인간적으로 되게 하며 관대하게 하여 자신의 그룹과 다른 그룹을 더 연결시켜 줍니다. 이 행동은 아주 특별한 방법으로 짐을 벗겨 줍니다. 그리하여 그는 성장합니다.

보상

당연히 조절을 보상으로 하면 전체에 유익합니다. 그러나 이미 손해로부터 힘을 얻었고 잃어버린 것들을 뒤로하였기에 마지막까지 가는 정열이 없습니다. 벌써 조절 전에 짐을 벗었습니다. 그러기에 보상의 결과는 짐을 벗는데 무엇을 더해 주기보다 어떤 것을 빼앗을 수 있습니다.

망상

무엇이 옳고 그르다는 상상으로 우리는 아주 다르게 그리고 아주 깊이 짐을 지고 있습니다. 우리가 귀속해 있고 생존하기 위하여 우리가 귀속해야 할 그룹에 가끔 직접적인 감지에 반하는 상상들이 지배하기 때문입니다. 무엇이 도움을 주고 해를 입힌다는 주술적인 상상이나, 세대를 통해 내려오는 영향력에 대한 두려움 등은 결코 이성에 반합니다. 어떤 계명이나 의식을 지켜야 생명(무엇보다 죽음

후의 생명)이 안전하다거나 하는 등이 있습니다. 많은 종교적인 상상이나 전통들도 여기에 속합니다. 우리는 이제 어떤 감지들을 방해하는 정신(영)적인 장에 와 있습니다. 감지하는 자체를 처벌하였기에 그에 관한 생각조차도 두려워하게 되었고 억압되었습니다. 기독교에서는 지금도 신이 피의 제물 즉 소위 자신 아들의 죽음, 제자들의 순교를 원했다는 생각이 팽배합니다. 이 생각의 모순을 감지하고 더 나아가 발표한다는 것은 두려움을, 무엇보다 그룹에서 제외된다는 두려움을 갖게 합니다. 그럼에도 생각은, 생각을 감행하는 사람이 혼자 남모르게 생각을 생각만 함으로도 짐을 벗겨 줍니다.

정신(영)적인 자유

스스로 감지하고 본질의 인식을 통하여 아주 높은 정신(영)적인 자유를 얻은 원래의 철학자만이 생각할 수 있습니다. 그러나 생각되어지고 더 나아가 처음엔 아주 적은 그룹에서만 말하여져도 그 그룹의 정신(영)적인 장은 변하여, 영적인 장은 다른 사람에게 짐을 벗겨 주는 자유에 통로를 엽니다.

얽힘

그러나 무엇보다 우리는 의식하지 못하고 우리 가족의 운명에 얽힘으로 가장 깊이 힘들어 합니다. 우리가 의식하지는 못해도 우리는 우리 가족에서 제외된 분의 운명을 넘겨받아 그와 같이 느끼고, 행동하고, 불행하고 더 나아가 죽기까지 합니다. 이 얽힘 뒤에는 각자를 엄습하며 사로잡는 강렬한 탈 개인적인 욕망들이 작용합니다. 여기에서도 자신의 힘으로 느껴지고 경험되는 양심의 힘이 작용합니다. 우리는 특별한 영적인 노력을 통해서만 이 힘으로부터 거리를 두고 바깥에서 힘을 관찰할 수 있습니다. 다르게 말하면 오직 철학적인 인식의 길을 통해서만입니다. 이 길을 통해서야 이러한 얽힘을 야기시키는 법칙이 밝게 드러나고 보여집니다. 이 철학적인 인식의 길을 통해 우리에게 이제까지 운명적으로 경험되어진 얽힘과 그 결과들로부터 풀림이 가능합니다.

종교들

종교는 생각되어지고 행해집니다. 신앙공동체에서 종교는 종교적 교리로서 구체적으로 생각되어지고 구체적인 행동으로 행하여집니다. 기도, 의식, 헌신, 제물 등입니다.

신에 관한 상들

종교의 내용들은 무엇보다도 각 종교의 신에 관한 상에 의하여 구별됩니다. 종교의 신에 관한 상들은 모든 것 뒤에서 작용한다고 생각되어진 것에 관한 그림들입니다. 이 그림들에서 각 개인과 각 그룹을 모든 것 뒤에서 작용하고 있는 힘과 연결시켜 준다는 각 교리와 계명과 금지가 생깁니다. 그리하여 교리와 계명과 금지는 그들이 이 힘과 연결을 잃지 않도록 그들을 지켜 준다고 합니다.

많은 상들과 그 상들로부터 온 희망, 두려움 그리고 실행은 기원을 알 수 없는 상상과 전통에서 유래합니다. 단지 겉으로 보기에 그러합니다. 그들의 시작은 인간 영혼에 있기에 그러합니다. 각 개인의 영혼이 아니라 많은 공동 영혼 즉 집단 영혼입니다. 이 영혼에서 많은 사람들은 서로 연결돼 있고 공명에 있습니다. 그러나 오직 이 영혼에 의하여 결속되어진 특정한 사람들 즉 멀거나 가까운 혈연관계에 있는 사람들뿐입니다. 그들의 신에 관한 상은 같은 기원으로 그들을 연결시켜 주는 조상이나 인류의 어머니와 차이가 없습니다. 그들의 종교는 종족의 종교입니다.

이 상들은 모든 것 뒤에서 작용하고 있는 생명의 힘과 연관되어 있습니다. 다만 표면적이고 감각적이며, 오직 건강과 다산을 목적으로 하여 아주 주술적입니다. 각 개인이 음식으로 생명을 영위하는 것과 같이 조상 아버지와 조상 어머니 즉 종족 신과 종족 여신도 음식으로 생명을 영위합니다. 그들은 피의 희생으로 영양을 공급받습니다. 가끔 살아 있는 자들에게 축복을 빌면서 인간을 희생하기도 합니다. 이 신들에게 이러한 희생으로 영향을 미칠 수 있습니다. 더 나아가 신들을 의식과 실행으로 개인과 그룹에게 봉사하게 할 수 있습니다. 신들은 주술적으로 조작될 수 있습니다.

계시 종교

지금도 영향력이 큰 종교들은 같은 기원을 갖습니다. 어떤 종교보다도 유대교와 유대교와 기원을 같이한 기독교와 이슬람입니다. 이 종교들은 계시 종교입니다. 이 종교에서는 신이 자신이 선택한 예언자를 통하여 자신을 알립니다. 유대교는 모세, 기독교는 예수, 이슬람에선 모하메드입니다. 그들은 모두 신을 유일신으로 그리고 자신을 유일신의 계시라고 선포합니다. 그리하여 그들의 말씀은 신의 말씀이며, 그들의 행동은 신의 행동입니다. 그들의 행동으로 신의 의지는 집행됩니다.

그들의 말씀은 문자로 쓰여졌습니다. 모세의 돌판에서 시작하여 후계자들의 구약에, 예수에서는 그의 제자들에 의하여 신약에, 모하메드는 코란에 쓰여졌습니다. 그리하여 이 종교들은 문자 종교들입니다.

　이 종교들은 원래의 종족 종교를 넘어, 도덕적인 규율로 따르는 사람들을 서로 묶습니다. 그러기에 이 종교들은 따르는 사람들에게 공동체를 만들어 내는 높은 가치를 가집니다.

　그럼에도 그들에게선 원래의 조상 숭배가 계속됩니다. 단지 조금 높아졌고 넓어졌습니다. 기독교와 이슬람은 그들의 신을 모든 인간을 위한 유일신으로 선포합니다만, 동시에 다른 민족을 이 신에게 가끔 폭력으로 복종시킵니다. 신이 그들의 신이 아니고 모든 인간의 신인 척하면서 말입니다. 그러기에 그들의 신은 보편성을 추구하면서도 조상신의 양상을 가집니다.

　또한 그들의 의식과 그 의식 뒤에 작용하고 있는 주술적인 상상들은 옛 종족 종교들의 의식, 상상들과 아무런 차이가 없습니다. 예를 들면 기독교의 신은 인간의 희생으로 인간과 화해합니다. 인간이 기도와 희생으로 신에게 영향을 미칠 수 있어, 불행을 막을 수 있다는 상상은 지금도 변치 않고 계속 유효합니다.

　신에 관한 아무런 상이 없이 출발한 불교에서도 우리는 비슷한 주술적인 상상과 의식들을 봅니다. 나쁜 업보를 명상과 금기로 바꿀 수 있고 바꿔야 한다는 것 등입니다. 단지 불교에선 주술적인 노력이 진정시키고 화해시키는 희생보다 자신의 행위로 이전되었습니다.

신의 가족

모든 종교는 한 가지가 공통입니다. 종교는 따르는 사람들에게 넓혀진 가족입니다. 그 안에서 그들은 거의 자신들의 부모에게서 보호와 기댈 것을 찾는 아이와 같이 행동합니다. 단지 기댈 것은 점점 멀어집니다.

종교에 대항하여 싸우는 무신론자들도 이 상상들에 묶여 있습니다. 그들도 단지 자신들의 부모에 대항하여 부모로부터 독립하려는 어린아이와 비슷합니다.

교회를 비평하는 사람들과 개혁 운동들도 교회를 변화시켜 교회 안에서 가족과 같이 다시 평안하고 위화감 없이 느끼려고 합니다. 그들도 교회와 교회의 신에 묶여 있는 어린아이들입니다.

종교적인 장

어떻게 종교에서 위에 열거한 사항들이 거의 고찰되지 않고 지각되지 않는 것이 가능합니까? 각 종교를 따르는 사람들 모두가 공명에 있는 영적인 장에서 움직이고 있기 때문입니다. 루퍼트 셸드레이크는 이 장들이 단단한 구조를 갖고 있기에 이 장들을 형태적이라 부릅니다. 이 장들은 이 구조를 방어하려고 합니다. 그러기에 이 장에선 오직 일정한 지각만이 허락되고 가능합니다. 장의 결속을 위태롭게 할 수 있는 다른 것들은 장 밖에 있습니다. 여기에서 장은 눈이 멉니다.

같은 영적인 장을 우리는 종교 밖에서도 만납니다. 많은 정당이나 프리메이슨리Freemasonry 비밀결사 단체 같은 학파나 일반적인 여론 등입니다. 그들에게 귀속되어 있고 그들을 따르는 사람은 그 안에서 가족에서와 같은 보호와 기댈 것을 얻습니다. 그리하여 그는 그 안에서 아이가 됩니다. 이러한 모든 장들의 공통점은 자신들의 존속을 위태롭게 할 수 있는 성찰을 방해하며 금한다는 것입니다.

인식의 길

우리는 그러한 묶임으로부터 우리를 풀 수 있습니까? 그렇게 해야 합니까?

그렇게 하려고 하는 사람은 자신을 따르는 사람들과 함께 또 새로운 장을 만듭니다. 그리하여 새로운 종교를 세워 다른 설립자와 똑같이 됩니다.

적어도 우리를 이러한 묶임들로부터 더 높은 차원으로 이끄는 인식과 행동의 길이 있습니다. 다른 모든 차원들을 포함하여, 그들을 뒤로하는 보편적이고 일반적인 차원입니다. 그것은 제가 이 책과 이 장에서 서술한 현상학적 인식의 길입니다. 이 길에서 저는 모든 종교적 현상들에게 자신을 맡깁니다. 거리를 두고, 의도와 무엇보다 두려움이 없이 맡깁니다. 우선 신의 상들에게 저를 맡깁니다.

신의 상들은 제가 있는 그대로의 세상에 저를 맡기고 있을 때, 그리고 모든 것 안에 있는 세상을 움직이고 있는 것 앞에서 존속합니까? 이 신의 상들은 모든 인간의 상들이 아닙니까? 인간들에 의하여 만들어졌을 뿐만 아니라 인간들에 의하여 표현되어지지 않습니까? 우리는 그들에게서 단지 조금 더 올려지고 과장된 보통 인간적인 것들을 만나지 않습니까? 아버지, 어머니, 지배자, 왕, 심판자 등으로서 신의 상들과 노여움과 위로, 사랑과 질투, 조절하는 줌과 받음, 선택과 버림 등의 상들은 조금 올려진 의미에서 인간의 상들과 인간의 행동과 무엇이 다르단 말입니까? 어찌하여 우리는 신을 찬미해야 합니까? 신에게 감사해야 합니까? 그를 두려워하여 그 앞에서 떨어야 합니까? 그에게 간청하며 그의 은총을 갈구해야 합니까? 그를 위하여 전쟁에 나가며 그를 위하여 죽기까지 해야 합니까?

이 모든 것은 어떤 이성에도 맞지 않습니다. 그럼에도 이 상들은 우리가 쉽게 벗어날 수 없는 장의 상들이기에, 사려 깊은 많은 사람들에게서도 여전히 유효하게 존재합니다.

의식

그럼 의식은 어떠합니까? 간청, 속죄와 희생은 어떠합니까? 이것들은 원초적인 두려움에서 온 집단 망상의 발로가 아닙니까? 그러나 원초적 두려움은 실제 무엇입니까?

부모로부터 버림받는다는 두려움입니다. 여기에서 두려움은 올려진 부모상에게 전이됩니다.

이러한 상상과 의식에서 아주 중요한 역할을 하는 죄악은 가족의 규율을 범하는 행동이 아니면 무엇입니까? 죄악은 다시 조상과 여신에게 전이됩니다. 그리고 죄악의 두려움은 가족에의 귀속을 잃을 거라는 두려움이 아니면 무엇입니까? 여기에선 단지 가족이 믿음의 공동체로 넓혀집니다.

다른 기도

우리가 이것들을 인식하고 그것들로부터 우리를 풀리게 할 수 있습니까? 만약 우리가 인식의 길에서 빈 중심으로 이끄는 걸음을 옮길 준비를 한다면 아마 어느 정도 가능합니다. 이 길은 감각과 정신 그리고 의지의 밤, 더 나아가 영혼의 깜깜한 밤을 넘는 정화의 길입니다. 위대한 종교 안에서 많은 개인은 이 길을 갔습니다. 그들은 신의 상뿐만 아니라 그와 함께 희망과 두려움도 뒤로했습니다. 예를 들면 기독교에선 마이스터 에크하르트Meister Eckhart입니다.

종교 밖에선 노자가 도덕경에서 이 길을 가장 인상 깊게 서술했습니다. 그에겐 신도 의식도 없습니다. 그럼에도 그의 태도는 그가 파악할 수 없는 도道라고 부르는 신비에 가득한 마지막 앞에 경건에 차 있습니다.

우리는 또한 그리스의 철학자인 헤라클리트Heraklit에게서 이 길을 발견합니다. 그가 이 암흑으로 가기에 그는 실제 암흑이 아니면서 암흑이라고 불립니다.

우리는 어떻게 스스로 이 길을 갈 수 있습니까?

집중을 통해서입니다. 모든 것에게 있는 그대로, 종교에도 그것들이 어떻게 있든지 있는 그대로, 믿음과 희망뿐만 아니라 매달리지 않고 즉 순수한 사랑으로 동의하면, 우리는 우리를 그것들로부터 풀어 빔에서 어떤 태도에 이릅니다. 이 태도에서 우리는 모든 것들이 어떻게 있든지 있는 그대로의 모든 것 앞에 움직이지 않고 멈춰 섭니다. 이러한 멈춰 섬은 정신 집중되어 있습니다. 미지의 어떤 것 앞에 과거와 미래도 없이 단지 거기 있습니다. 이러한 거기 있음은 종교적인 거기 있음입니다. 모든 종교가 궁극적으로 추구하는 거기 있음입니다. 아무런 상도 아무 의지도 없는, 움직임 없이 헌신하고 있는, 떨어져 있지만 동시에 안겨 있는 순수한 종교입니다. 이러한 태도는 느낌 없이 경험될 수 있습니다. 이 태도는 단독이지만 연결되어 있습니다. 이 태도로 우리는 모든 인간들과 같은 인간입니다. 그러나 아무런 요구 없이 단지 그들과 함께 거기에.

마음으로 인식

우리는 본질적인 어떤 것을 인식하기 위해, 이제까지 우리에게 감춰진 상황에 우리를 향하게 하여야 합니다. 여기에서 향한다 함은 우리의 주의를 상황에 집중한다는 말입니다. 우리와 관계되는 것이 우리에게 직접 닿기에 우리는 사랑과 존경으로 향합니다. 우리에게 개인적으로 중요한 어떤 것을, 그것이 우리를 직접 덮치기에 인식하려고 합니다. 예들 들어, 우리는 어떤 조건 아래서 남녀 간의 사랑이 잘되는지, 그리고 무엇이 사랑을 막기에 서로 사랑을 하면서도 이해하지 못하고 상대에게 화를 내는지 알려고 합니다. 우리는 이런 종류의 인식을 진정으로 알려고 합니다. 그러나 우리에게 아무래도 좋은 것은 인식되어질 수 없습니다. 그것은 우리의 관심을 벗어나 우리에게 자신을 닫습니다.

존경

인식은 우리에게 응답하는 상대를 전제합니다. 다시 말하면 인식을 위하여 우리는 상대의 환심을 사야 합니다. 그러기에 인식하려는 것에게 우리의 향함이 인식의 시작입니다. 향함으로 우리는 그와 공명에 옵니다. 우리가 인식하려고 하는 것이 우리에게 붙잡히지 않아야 합니다. 우리가 인식하려는 것은 우리가 존경하는지, 또는 생명에 봉사하기 위하여 우리가 인식하려고 하는지를 확인합니다. 다음과 같이 말할 수도 있습니다. 우리가 인식하려는 것은 사랑에 봉사하는지를 확인합니다.

위의 서술은 어찌하여 우리 자신과 인간관계를 위하여 그렇게 중요한 많은 것들이 오랫동안 인식되지 않은 이유에 대한 대답일 것입니다.

이 심사숙고와 관찰은 본질적인 인식이 우리에게 어떻게 도달하는지 설명합니다. 본질적인 인식은 아직 우리에게 감춰진 것 앞에서 우리가 멈춰 설 것을 요구합니다. 멈춰 서서 우리는 우리의 소원, 의도, 지식욕 등을 내려놓습니다. 더 나아가 우리의 이제까지의 사고와 의지의 이별과 전환을 우리에게 강요하면서 나타날 수도 있는 것에 대한 두려움을 놓습니다. 우리가 이렇게 열려 있고 준비되어 있어야 본질적인 인식은 어둠에서 빛으로 떠올라 스스로 나타냅니다. 우리를 향하여 수동적으로 머무는 대상으로서 스스로를 나타내지 않습니다. 아닙니다, 인식은 우리를 향하여 움직이며 덮쳐 우리의 영혼과 정신에 어떤 것을 야기시키고, 우리의 눈을 부시게도 하여 우리를 변화하게 남기고 갑니다. 우리에게 스스로 나타낸 인식은 벼락같이 우리를 치고 난 후, 우리의 파악을 벗어나 빛으로부터 감춰진 것으로 다시 내려앉기 때문입니다. 그러면 우리는 인식이 우리를 덮쳐, 우리를 변화시켰어도 아마 기억할 수도 없습니다.

공명

그러기에 이 인식은 일반적이 아닙니다. 우리는 우리의 마음대로 이 인식을 전달할 수 없습니다. 그러기에 우리로부터 알려는 사람은 우리와 똑같은 길을 밟아야 합니다. 인식 전에 향함이 그에게도 전제되어야 합니다. 즉 사랑과 존경 그리고 그에게 스스로 나타내는 것에 그가 열려 있어야 합니다. 멈춰 섬과, 의도, 소원을 놓음 그리고 전환의 결과에 대한 두려움 없이 전환할 준비가 전제됩니다. 인식 전에 벌써 그는 그에게 스스로 나타내는 것과 공명에 있습니다. 그리고 만약 그가 나로부터 나의 인식을 얻으려고 한다면 나와 공명합니다. 그러면 나는 돌연히 인식을 언어로도 표현할 수 있고, 이해할 수 있습니다.

같이 듣는 다른 사람들은 아마도 같은 말을 듣고 흥미롭게 여기며 방어하기 위하여, 가끔 이의를 제기합니다만, 궁극적으로 무엇에 관한 것인지 인식하지 못합니다. 그러기에 그들은 본질적인 인식에 닿지 않습니다. 인식은 그들로부터 스스로 물러갑니다.

이 본질적인 인식은 행동을 가능하게 하기도 하며 행동을 요구합니다. 무엇이 행동에 선행했고 가능하게 했는가를 인식한 사람에게만입니다. 자신 스스로의 인식 없이 이 행동을 보고 따라 할 수 있습니다만, 인식이 없는 행동은 그에게 물러나 그를 곤경에 둡니다.

신 인식

위에 서술한 의미에 있어서의 본질적 인식은 궁극적으로 우리가 신에 관하여 만들 수 있는 상들 너머에 있는 신 인식입니다. 먼저 멈

취 서서, 우리에게 스스로 나타낼지도 모르는 것을 존경하고 사랑으로 우리를 열 때, 인식이 가능하다는 것은 분명합니다. 우리를 이 인식에 자신의 어떤 소원, 의도 그리고 무엇보다도 두려움 없이 마지막 열림과 준비로 열어, 우리에게 어떠한 사고의 전환을 요구할지라도 이 인식이 우리에게 닿고 덮치게 하여야 인식은 가능합니다.

이 인식은 우리를 존재하는 모든 것을 움직이게 하고 있는 힘과 연결합니다. 그러기에 인식은 움직임을 요구하며 인식에 맞는 움직임을 가능하게 합니다. 인식은 마지막과 공명하기에 마지막으로부터 자신의 힘과 자신만의 특별한 효과를 얻습니다.

그리하여 결국에 향함은 기도와 같습니다. 의도와 움직임 없는 기도와 같습니다. 그런 후에 향함은 인식에 덮쳐져, 인식과 공명하는 것만큼 함께 스스로도 움직입니다.

계몽

개념

계몽은 세 가지를 의미합니다.

   첫째, 나는 어떤 사람이 일반적으로 알 수 있는 것을 아직 모르기에 그에게 설명합니다. 그에게 부족한 지식을 전달하거나 어떤 것을 보여 줌으로 그에게 설명합니다. 이러한 설명은 내가 거만하게 설명하려고 하지 않는 한 일반적으로 좋은 도움으로 경험됩니다.

   둘째, 나는 이제까지 어떤 사람에게 감춰진 것을 보여 줍니다. 예를 들어 아이들은 나이가 차면 성교육을 받습니다. 또는 어떤 범죄의 감춰진 관련들과 배경들도 해결이 됩니다. 여기에서도 드러남은 기분 좋게 경험됩니다.

   셋째, 계몽은 사람이 알아서는 안 될 어떤 것, 금기를 건드립니다. 이 금기는 자주 한 그룹을 결속하게 하는, 그 구성원들에게 어떤 생각과 지각만을 지시하는 일정한 신념과 신화들입니다. 그럼에도 감춰진 것(예를 들어 일반적으로 공유된 신념의 불합리성)을 드러나게 하는 사람은 이 금기를 깹니다. 이러한 금기 깸은 그룹에 의해 그룹의 결속을 위태롭게 하는 것으로 경험되어 대개 그룹으로부터 추방의 벌을 받습니다. 각 개인이 이런 종류의 계몽으로 어떤 결과를 가질 수 있는지, 우리는 소위 이단자들이나 이탈자들에게서 봅니다.

성실한 계몽

이단자와 이탈자들은 자주 일반적으로 공유된 신념이 유지할 수 없음을 밝히지 않고, 단지 원칙에 맞지 않는다고만 지적합니다. 무엇보다도 철학자와 과학자들은 정말로 밝히려고 합니다만 어느 정도에서 멈춥니다. 즉 가끔 그들의 신념 중에 어떤 것이 경험될 수 있는 현실에 부합하는지 또는 어디에서 넘어서는 안 되는 한계에 닿게 되는지 성실하게 자세히 보지 않고 신념의 사람들과 같이 행동합니다.

그럼에도 순수한 관찰과 경험에 머물러 경험될 수 있는 현실에서 얻어진 인식된 것을 약화시키거나 취소하려는 어떤 시도나 일반적인 압력에 굴하지 않는 것이 정말로 필요한 계몽일 것입니다.

그럼 무엇이 첫째로 이러한 계몽에 대항합니까? 계몽은 이러한 신념들의 어느 기초를 건듭니까? 그리하여 이 계몽에 의하여 어떤 신전이 무너집니까? 우리는 질문할 수도 있습니다. 원래의 것은, 즉 이제까지 계몽에 대항하여 성공적으로 방어하고 싸워 이긴 마지막 금기는 무엇입니까?

마지막 금기

마지막 금기는 양심입니다. 그러면 많은 사람들은 즉시 묻습니다. 양심은 성스런 어떤 것이 아닙니까? 최고의 것이 아닙니까? 사람은 어떤 경우에도 양심을 따라야 하지 않습니까?

그러나 우리가 양심에 따르면 무엇이 발생합니까? 자신의 양심을 따르면서, 많은 사람들은 다른 사람들이 자신의 양심을 따르지 않는다고 또는 양심이 없다고 하면서 다른 사람들에게 반대합니다. 가족세우기를 보면 양심은 개인마다 그룹마다 다르다는 것이 밝게 드러납니다. 그렇기 때문에 어떤 사람이 다른 사람들에게 자신과 같은 양심을 가져야 한다고 요구하는 것은 그들이 그들의 양심을 갖지 않고 그의 양심을 가져야 한다고 요구하는 것입니다. 즉 그는 그들의 양심에 반하게 행동하여 그들의 생존에 중요한 그룹의 귀속을 위태롭게 하라고 요구하는 것입니다. 우리가 다른 사람들에게 그들이 우리와 같은 양심을 가져야 한다고 기대하면 우리도 그와 같이 됩니다.

두려움

양심은 양심에 반하는 모든 행동이 우리의 생존에 중요한 그룹의 귀속을 위태롭게 하는 한 우리에게 가장 최고의 것입니다. 양심은 원래 생존 본능이기 때문입니다. 양심으로 우리는 성찰 없이 우리가 우리의 귀속을 잃지 않기 위해 무엇을 해야 하는지 직접 지각합니다. 이 양심은 어떤 사람이 자유로운 결정으로 자신의 양심을 따르는 것과 같은 개인적인 양심이 아닙니다. 모두는 양심의 가책을 받기에 양심을 따릅니다. 양심을 따르지 않는다면 그룹에서 추방된다는 두려움 때문에 양심에 따릅니다.

양심은 최초의 그룹에 통용되는 규범들이 내면화된 지각입니다.

우리가 심사숙고하기도 전에, 양심은 직접적이고 육체적으로 느낄 수 있는 불쾌감으로 우리가 이 규범들로부터 일탈하는 것을 경고합니다. 이 불쾌감을 우리는 거리낌 있는 양심이라 부릅니다.

결과들

모두가 자신의 양심을 따르는 결과는 무엇입니까? 사람마다 그룹마다 양심이 다르기에 자신의 양심을 따르는 그들은 서로 다른 방향을 보고 다른 목적을 추구합니다. 더 나아가 그들은 양심에 따라 다른 사람뿐만 아니라 다른 그룹과 스스로를 구별하며 방어하여 그들을 없애려고까지 합니다. 왜 그렇습니까? 다른 사람들의 양심을 자신뿐만 아니라 자기 그룹의 양심에 대한 위험으로 지각하기 때문입니다.

질문

자신의 양심에 대한 질문은 자신의 정체성만을 의문시하는 게 아닙니다. 그것은 자기 그룹의 규범과 그룹 내에서 허용된 현실에 대한 지각을 의문시합니다. 무엇보다 종교적인 확신을 의문시합니다. 자신들의 신, 자신들의 선택과 자신들의 천당과 지옥, 선의 악에 대한 우월감, 우월감에서 파생된 권리와 자신들의 도덕을 의문시합니다.

    위대한 종교에서의 신에 관한 모든 상상들은 신을 자신들의 양심에 따라 도덕적으로 기술합니다. 신은 이쪽을 선택하고, 저쪽을 선택하지 않습니다. 그러기에 이러한 신의 상들과 그와 연결된 희망과 두려움을 아주 인간적이라고 폭로하는 계몽을 자신들의 그룹 결속과 존속에 치명적인 위험으로 두려워하여 방어하는 것은 놀랄 일이 아닙니다. 다른 비슷한 확신에서도 당연히 마찬가지입니다. 정치적인 분야에서 정치체제에 대한 의문은 비슷한 두려움과 저항을 야기합니다.

그렇다고 자신의 그룹이 정말 위태로워집니까? 이 계몽이 모든 인간들과 모든 양심들의 본질에서 동등하다는 존중의 길을 열지는 않습니까? 이 계몽이 자신만이 유일하다는 유일성의 독침을 빼지는 않습니까? 자기 그룹이 다른 그룹보다 더 좋다는 자만심의 독침을 빼지는 않습니까? 이 계몽은 평화의 길을 준비하지는 않습니까?

전망

이러한 계몽의 전망은 어떠합니까? 우리는 이 계몽이 많은 사람을 두렵게 한다는 것을 염두에 두어야 합니다. 그러기에 이 계몽이 다른 더 좋은 양심인 양하면서 거만해지면, 위험한 동시에 아무런 효과가 없습니다. 이 계몽은 어떤 확신이나 개인적인 열광으로 전달될 수 없습니다. 이 계몽은 단지 모두에게 비슷하게 관찰되어질 수 있고 공감되어질 수 있는 어떤 것만을 제시합니다.

동시에 이 계몽의 본질적인 통찰은 선물로 주어집니다. 모든 본질적인 것들은 사전에 아무도 알 수 없는 힘들 안에 있고 이 힘들에 의하여 실현된다는 것도 이 통찰에 속합니다. 이 힘들은 제시간에 맞게 스스로 관철합니다. 그러기에 이 계몽은 겸손히 머뭅니다.

계몽은 이 힘들과 공명하기에 모든 인간과 연결되어 있고 동등하다는 것을 압니다.

통찰에서 온 행동

도움

서로 도움

돕는 사람은 다른 사람들에게 좋은 어떤 것을 하려고 합니다. 그는 그들이 원하거나 필요로 하는 것을 주려고 합니다. 도움을 받은 경험은 다른 사람을 돕도록 재촉하기에, 돕는 사람은 도움으로 짐을 벗는 느낌을 갖습니다. 받은 것을 지불해야 정말로 자신의 것으로 소유하는 사람과 같이, 사람들은 도움으로 기분 좋게 느낍니다. 도움은 아주 깊은 인간적인 욕구입니다. 무엇보다 우리는 서로 도움으로 연결됩니다.

도움을 거절함

다른 사람이 도움을 필요로 하지 않는데도, 또는 우리가 가지고 있지 않기에 도울 수 없는데도, 우리는 가끔 우리로부터 도움을 기대할 때 돕습니다. 그러면 이러한 도움은 연결하기보다 절연시킵니다. 그러기에 우리는 도움을 자제함과 거절함으로 우리로부터 다른 사람을 지킵니다. 동시에 우리도 이 도움이 우리와 다른 사람에게 가져올 수 있는 결과들로부터 우리를 지킵니다. 이러한 자제와 거절은 좋게 헤어지게 합니다. 우리는 서로 의존돼 있지 않아, 나중에 자유롭게 다르게 만날 수 있습니다.

도움의 질서

도움은 질서에 따릅니다. 부부관계와 같이 대등한 관계에 있어서 한쪽의 도움이 지나치면 경사傾斜가 생깁니다. 그러나 부모와 자녀 관계와 같이 의존하는 관계에 있어서의 도움은 주로 위에서 아래로 흐릅니다. 주어진 것을 받아들인 자녀는 감사해합니다.

    여기에서의 감사는 적절한 되돌려줌입니다. 감사는 주어진 것을 귀하게 여기고 준 사람을 존중함입니다. 그리하면 준 사람은 풍부하게 느껴, 준 것과 대등한 것을 되받으려고 기대하지도 않습니다. 부모 자녀 관계에선 되받으려고 하는 것이 가능하지도 않습니다. 줌이기도 하는 마음에서의 감사는 아래에서 위로 향할지라도, 받아들인 사람에게 받은 선물을 온전히 가져 자신의 것으로 하는 것을 허락합니다. 그리하여 다른 사람에게 다시 줍니다. 이러한 도움은 위에서 아래로 흐르지만 질서에 맞습니다.

질서에 반하는 도움

질서는 아래에 있는 사람이 윗사람에게, 윗사람을 아랫사람으로 취급하면서 흐름에 반하여 주려고 하면 깨집니다. 예를 들어 많은 자녀들은 무엇보다 삶과 죽음에 관하여 부모를 도우려고 시도합니다. 자녀들은 가끔 부모로부터의 운명을 떠맡으려고 합니다. 자녀들은 이유가 어떻든 부모 중에 한 분이 죽으려고 하면 부모를 대신해 병들거나 죽으려고 합니다. 그러한 도움이 부모의 짐을 벗겨 주기에, 부모가 자신의 운명을 자녀에게 넘겨 자녀를 희생시키려고까지 합니다. 그러면 부모 자신은 잘 지냅니다. 이렇게 후대가 선대를 위해 대신 치르는 운명공동체가 발생합니다. 그러나 이것은 도움의 무질서입니다. 이 무질서에선 부모가 자녀에게 생명을 줄뿐만 아니라 가져가기도 합니다.

자신의 것을 스스로 짊어지지 않고 다른 사람에게 넘겨주는 사람은 자신의 것을 놓칩니다. 그리고 다른 사람을 위해 그의 것을 그에게 두지 않고 스스로 지는 사람은, 그로부터 오직 그에게 속한 것을 빼앗기에 자신에게 속한 것을 놓칩니다. 그리하여 둘 다 실패합니다.

단지 겉으로 볼 때 그러합니다. 결국에 아무도 다른 사람의 운명에 얽히지 않고 자유로울 수 없으며, 아무도 자신의 것을 남에게 지우는 잘못으로부터 자유로울 수 없습니다. 그러나 도움의 질서와 무질서를 알기에 우리는 부분적으로 그리고 가끔 아주 나쁜 것을 우리와 다른 사람들을 위하여 피하게 할 수 있거나 적어도 약화시킬 수 있습니다.

직업으로서의 도움

이렇게 서로 일상적으로 돕는 외에 직업으로서 도움이 있습니다. 의사·심리치료사·사회사업가·목회자·선생과 철학자 등입니다. 사실 우리가 하는 모든 일은 도움이기도 합니다. 그러나 이를 넘어 우리가 돕는 사람의 삶과 죽음 그리고 생존이 걸려 있는 도움도 있습니다. 내면의 성장과 충족된 삶에 관하기도 합니다. 이런 도움은 특별한 지식과 능력 그리고 특별한 예술을 전제합니다.

여기에서의 예술은 지식 이상의 것입니다. 기술적인 능력이 가끔 위대한 예술을 창조하기도 하지만, 기술적인 능력 이상의 것입니다. 삶이 넓게 관련돼 있다는 것에 대한 통찰과 이 관련성과의 공명을 전제합니다.

예술로서의 이 도움은 철학을 전제합니다. 응용철학을 전제합니다. 결국 이 도움은 개인과 그의 삶, 그의 성장 그리고 그의 생존에 필요한 것을 위할 뿐만 아니라, 각 개인들 위에 있는 전체에 봉사하고 전체와 공명에 있습니다.

전체의 질서가 무엇인지 그리고 그 질서가 무엇을 요구하고 금지하는지, 도움을 찾는 사람이 가져온 소원이나 희망들 더 나아가 그의 요구들로 정해지지 않습니다. 우리는 그것을 인식의 길에서 발견합니다. 그 길에서 우리뿐만 아니라 다른 사람들과의 관계에서 표면적인 것 뒤에 있는 본질적인 것을 지각합니다. 이 인식의 길에서 우리가 할 수 있는 것, 해도 되는 것, 해야 하는 것이 무엇인지 통찰을 얻습니다. 또한 우리에게 무엇이 금지되어 있는지에 대한 통찰도 얻습니다. 그러나 이를 지키지 않고, 통찰에 따라 해야 할 것을 하지 않는다거나, 해서는 안 될 것을 시도하는 사람은 도움을 바라는 사람뿐만 아니라 자신 스스로를 위태롭게 하고 해칩니다. 통찰을 통과한 후에는 이 통찰에 알맞은 행동 이외에 어떤 선택도 없습니다.

저항과 함께하는 도움

내면의 성장에 관하여 중요한 게 있습니다. 성장은 영양을 필요로 할 뿐만 아니라 저항을 이겨내야 합니다. 도움을 주는 많은 사람들은 도움을 필요로 하는 사람에게 영양과 보호와 공감만 주려고 하지 불가피하게 그에게 저항하기를 두려워합니다. 저항을 받아야 그는 스스로 저항하고 관철해야 하는 자신의 상황과 연결됩니다. 그렇게 그는 자신의 힘으로 다른 사람이 할 수 없고 해서는 안 되는 것에 스스로 섭니다.

존중

모든 것을 존재하는 그대로 존중함

빔을 통한 길과 감각, 정신, 의지의 빔을 통한 길에서 얻어진 철학적인 인식의 결과 중 하나는 모든 것을 존재하는 그대로 존중함입니다. 설사 그것이 우리가 생각하기에 우리에게 적대하는 것이라도 다르게 되어야 한다는 소원 없이 말입니다. 우리는 존재하는 모든 것을 존재하는 그대로, 무엇이 발생하든 모든 것을 그대로 존중해야 합니다. 모든 것 안에, 모든 것이 어떤 것을 할 수 있고, 해도 되고, 해야 하는 것을 결정하는 창조적인 힘이 작용하고 있기에, 모든 것은 그렇게 될 수밖에 없습니다. 이 힘이 우리 안에서뿐만 아니라 다른 모두 안에서 작용하고 있기에, 즉 이 힘이 모두를 똑같이 끌기에, 만약 이 창조적인 힘에게 우리를 맡기려면, 다른 모두뿐만 아니라 다른 모든 것과 같은 가치와 의미를 그 앞에서 가져야 합니다. 그리하여 나 자신을 포함하여 모두뿐만 아니라 모든 것을 존중함은 이 창조적인 근원의 힘을 존중하는 것과 구별할 수 없으며 또한 뗄 수도 없습니다. 이 존중은 궁극적으로 우리에게 규명될 수 없는 비밀을 향한 존중입니다. 태도로서의 이 존중은 기도입니다. 즉 존중은 궁극적으로 스스로 행함 없는 귀의입니다. 지금 있는 다른 것 앞에서 순수한 것입니다.

반대 앞에 존중

그러면 자신들의 생각에 맞는 더 좋은 세계를 원하여 투쟁할 준비가 되어 있는 다른 사람들과는 어떠해야 합니까? 그들은 묻습니다. 어떻게 이런저런 것들에 정말로 동의할 수 있어 좋다고 할 수 있습니까? 그들은 비난받아야 할 예를 끝없이 듭니다. 그들 안에도 같은 창조적인 힘이 작용하고 있습니다. 그러기에 나는 그들에게 반대하지 않고 그들을 존중합니다.

여기에서의 존중은 한쪽을 향한 존중이 아닙니다. 우리의 표면적인 관점에서 볼 때 반대되는 다른 것의 존중이기도 합니다. 빛과 어둠, 죽음과 삶의 존중입니다. 그러기에 여기에서의 존중은 대립을, 그들 사이의 투쟁을, 불균형을, 불의를 그리고 대립을 시인하는 조정을 향하는 움직임을 존중함입니다.

중심

존중이 우리 영혼에 무엇을 야기합니까? 우리가 모든 것에 있는 그대로 동의하므로 우리는 모든 것과 연결돼 있습니다. 대립되게 나타난 것이 우리 안에서 서로 화해합니다. 다르게 되지 않고 그대로 있으면서 화해합니다. 그것이 내 안에서 더 이상 대립하지 않기에 그리고 내가 둘을 존중함으로, 둘 안에 작용하고 있는 힘 앞에 같은 기도로 머물고 있기에, 나는 모든 것을 자신에게 끄는 같은 중심에서 둘과 하나가 됩니다.

거기에선 아무것도 다른 어떤 것에 반대하지 않습니다. 선과 악의 경계가 무너집니다. 둘은 더 이상 단지 이것만이 또는 저것만 될 수 없습니다. 둘은 스스로를 넘어 성장하여 전체에서 같이 자신을 옳게 찾습니다.

우리 태도의 결과들

우리가 이 인식과 그리고 그 인식과 함께 필연적으로 따르는 결과들에 동의하면 무엇이 우리의 태도에 따릅니까?

첫째, 우리의 태도가 우리와 관련돼 유감이나 동정이 있을 수 있습니까? 아닙니다. 혹은 죄책감이나 어떤 것이 다르게 되었어야 한다는 소원이 있습니까? 아닙니다. 우리는 과거의 모든 것(선과 악, 쾌락과 고통, 기쁨과 아픔)을 같은 창조적인 힘이 원했던 것으로 그리고 창조적으로 경험합니다. 그리하여 우리는 모든 것을 우리에게 선물로 주어진 것으로 그리고 우리가 요구한 것으로 받아들여 사랑할 수 있습니다.

둘째, 다른 사람들에 대한 우리의 태도는 어떤 결과를 가집니까? 예를 들면 우리가 우리의 부모, 형제자매 그리고 조상들을 이 포괄적인 존중으로 바라보면 그 결과는 어떠합니까? 단번에 모두는 우리에게 위대하고 숭고합니다. 우리도 우리 자신이 같은 방법으로 그 곁에서 또는 그 아래서 위대하고 숭고하다는 것을 압니다. 그러나 우리와 그들이 자신들의 힘이나 노력으로 위대하고 숭고하지는 않습니다. 같은 해가 우리를 비춥니다.

염려

어떻게 우리는 우리 부모를 대신하여 어떤 것을 우리 것으로 하며 그분들에 대하여 걱정할 수 있습니까? 또는 다른 힘을 존중하지 않고 그 힘에 앞서 우리 부모와 형제자매를 도우려고 하면서 그분들에 대하여 걱정할 수 있습니까?

부모는 자녀가 당하고 그로 인하여 자녀가 성장하는 모든 것에서 다른 힘을 존중하며 머무는 대신에, 자녀 걱정을 하는 것도 마찬가지입니다. 그 힘은 부모뿐만 아니라 자녀를 다른 것으로, 그들을 넘어서는 어떤 것으로 봉사하게 잡습니다.

우리에게 도움을 기대하는 사람들을 우리가 우리의 직업상 도울 의무를 가지면서 얼마나 조심해야 합니까? 우리나 그들은 그들을 향하는 우리의 존중이 무엇을 허락하고 금하는지, 또는 우리에게 무엇을 요구하는지 압니까? 우리가 우리의 상상에 맞게 도우려고 시도하여 그들이 우리에게 자신들을 맞춰야 한다는 의무감을 느껴, 우리가 쉽게 그들의 운명이 된다면 무엇이 발생합니까?

사람들이 서로 의존하고 있다는 것은 말할 것도 없이 자명하고, 도움을 청하고 주는 것도 불가피합니다. 문제는 단지 도움을 청하고 도움을 주기 전에 자신의 영혼과 운명을 존중하는 움직임뿐만 아니라, 다른 사람의 영혼과 운명을 존중하는 움직임이 선행하느냐입니다. 그 움직임은 우리들의 소원과는 상관없이 우리들이 공동으로 의존하고 있는 힘과 공명해서, 그 공명으로부터 알맞고, 불가피하고, 가능한 통찰을 찾습니다.

행동

우리에게 선물로 주어지는 통찰은 우리가 예상한 것과 의외로 아주 다릅니다. 가끔 이 통찰은 우리가 이를 회피할 수 없기에 우리를 경악시키기도 합니다. 통찰은 얻어지자마자 즉시 작용합니다. 그리고 우리는 작용하도록 허락해야 합니다. 통찰은 우리가 통찰에 맞게, 주저하지 않고, 확실히, 힘을 가지고 행동하기를 요구합니다.

또한 통찰은 우리가 통찰을 존중하길 요구합니다. 이 존중은 우리가 우리 스스로를 잊으면서 그럼에도 행동하는 움직임의 헌신입니다. 이 움직임에서 우리는 거기에 없으면서도 온전히 거기에 있습니다.

열광

반대 운동

열광은 존중의 반대 움직임입니다. 존중이 멈춰 서 있을 때, 열광은 침입합니다. 존중을 놓을 때, 열광은 가지려고 합니다. 존중은 기다리는데, 열광은 스스로 확신합니다. 존중은 여는데, 열광은 닫습니다. 열광은 경계 안에서 움직이기에 이 경계 안에서 원을 그리며 돕니다. 그러기에 열광은 새로운 인식에 방해가 됩니다.

열광의 원천

열광은 어디에 뿌리를 둡니까? 어린이들은 그들의 환상에서 한계가 없기에 가장 열광합니다. 어린이들은 사랑으로 열광적입니다. 그러기에 그들의 열광은 눈이 멀지만, 사랑스럽습니다. 동요는 열광을 아주 잘 보여 줍니다. "어머니, 제가 자라면 저는 어머니를 위해 모든 것을 할 겁니다." 그러나 어린이는 자라기를 기다리지 않습니다. 어린이들은 부모들이 힘든 어떤 것을 지고 있는 것을 보게 되면, 부모의 짐을 대신 져 부모를 구하려고 합니다. 어린이들은 부모의 운명을 바꿀 수 있는 힘을 가지고 있다는 환상을 갖으며 그렇게 행동합니다. 어린이들은 자신들의 한계를 넘어 행동하여, 식음 전폐 환자의 예에서 보는 바와 같이 부모를 살리기 위해 죽으려고까지 합니다. 그러나 가능한 것과 적당한 것의 통찰이 없기에 그들의 행동은 효과가 없습니다.

어른들이 열광하면, 그들의 열광은 어린아이의 어떤 것을 가집니다. 그러한 어른들은 눈에 이상한 광채를 가져, 저절로 한계를 모르며 눈이 멉니다. 더군다나 어른들은 아이들과 다른 수단을 가지며 또한 그에 상응하는 권력을 가집니다. 우리는 그들이 열광적으로 다른 사람들을 구하려는 것을 봅니다. 그들의 열광은 자신들에게 명성과 권력을 보장하는 그룹에 봉사합니다. 그 뒤에서는 부모의 상, 무엇보다 어머니 상이 작용합니다. 그러기에 이러한 열광은 변함없습니다. 이 열광은 어머니를 향한 자녀의 변함없는 사랑입니다.

열광적인 도움

도움을 주는 많은 사람들도 이와 비슷한 열광을 가져 자신들에게 주어진 한계를 모릅니다. 이 열광 뒤에도 어머니 상이 효력을 발하여 어른보다 어린아이의 사랑이 작용합니다. 그러기에 그들은 도움을 찾아 얻으려고 하는 사람들에 대한 존중을 모릅니다. 그러나 존중이 없으면 다른 사람의 다른 것에 통찰이 없습니다. 다른 가족에, 다른 사명에, 다른 운명에 그리고 다른 요구와 한계에 통찰을 하지 못합니다. 그래서 이렇게 도움을 주는 사람들은 무엇보다 앞에 있는 사람만 보고, 그 사람이 속해 있고 연결되어 있는 그의 부모와 그룹을 보지 못합니다. 부모를 도우려는 어린아이와 같습니다. 어린아이는 부모만 보고 느낌을 가져, 부모를 연결하고 있고 부모 너머에 있는 큰 것을 보지 못합니다.

오만

모든 열광은 원래 오만입니다. 이렇게 열광하는 사람은 자신의 권리를 넘어 그리고 결국에 자신의 힘에 부치는 어떤 것을 하려고 합니다. 그러기에 실패합니다. 당연히 열광하는 사람뿐만 아니라 어느 누구도 모든 것이 종속되어 있는 것에 대항할 수 없습니다. 그래서 최종에 열광하는 자들은 그들의 열광 때문에 우리의 존중을 받습니다. 존중하는 사람은 열광하는 자를 침착히 바라보고 적당한 거리를 둡니다.

무엇보다 열광하는 사람은 인식에 방해가 됩니다. 그는 원래 눈이 멀어 협소합니다. 우리가 광적으로 되는 것을 우리 안에서 알아챌 때, 간섭하려고 하여 노할 때, 우리의 시야가 좁아져 다른 사람과 다른 것에 반대하는 어떤 것이 우리를 사로잡아 우리를 맹목적으로 화나게 하는 것을 감지합니다. 그러면 우리는 이 다른 것의 존중과 거리 둘 뿐만 아니라 동시에 이 다른 것이 봉사하고 있는 마지막의 존중과 거리 둠에 실패하여, 우리는 이 마지막에게도 거만하게 됩니다. 이 마지막은 다른 것에게서도 작용하기 때문입니다. 그렇다면 어떻게 우리는 이 마지막과 공명에 머물러, 공명에서 모든 것이 똑같이 존중되고 녹아 있는 마지막에의 통찰에 우리를 열어 준비를 합니까?

겸손한 행동

물론 그러한 통찰은 항상 불완전하고 단편적이기에 결코 끝이 없습니다. 그러기에 이러한 통찰에서 온 행동은 언제나 겸손합니다. 이 행동은 흐름에 있는 행동이며 새로운 인식에 열려 있기에 온순합니다. 이 행동은 생각되어지거나 기대되어진 것과 다릅니다. 열광이 없는 행동입니다. 평온한 행동이기에 새로운 상황들에 의하여 배척당하지 않습니다. 반대로 새로운 상황들에서 자신을 전환시켜 이제까지의 것을 뒤로하는 여유를 가집니다. 그러기에 이 행동은 새로운 상황에서도 즉시 행위능력이 있습니다.

우리가 열광을 느낄 때면 이는 멈춰 서라는, 심사숙고하라는, 주어진 것에 정신 집중하라는 암시입니다. 그러면 열광도 자세히 보면 우리의 감각을 본질적인 것을 위해 갈고 닦으라는 하나의 신호입니다. 그리하여 우리가 열광을 평온하게 두면, 우리에게 다른 통찰과 다른 걸음이 잘됩니다.

넓음

넓게 봄

우리가 빔에 다다른 방법과 비슷하게 우리는 정신(영)과 영혼의 넓음에 도달합니다. 어디에서 나와 어디로 가는 복합 움직임입니다. 넓음으로 가는 길과 시선은 가깝고 좁은 것뿐만 아니라 자세한 것, 확정된 것, 일정한 것, 분명한 것으로부터 우리를 벗어나게 합니다. 넓은 길은 같은 시간에 모든 방향으로 갑니다. 넓은 시선은 같은 시간에 많은 것을 지각합니다. 서로 대항하는 것도 같이 지각합니다. 모든 것에 똑같이 열려 있기에 정확하지 않습니다. 넓은 시선은 하나의 일에 머물러 있지도 않고 목적지도 없습니다. 그럼에도 우리는 넓은 시야에서 정신 집중하고 있습니다. 여기에서의 정신 집중은 많은 것이 동시에 중심에 모아져 있다는 것을 이해한다는 의미입니다. 그럼에도 많은 것은 표면에도 머뭅니다. 많은 것은 우리에게 멀기도 하지만 가깝습니다. 넓게 퍼져 있지만 그럼에도 정신 집중돼 있습니다.

넓은 지식

모든 것을 제자리에 둠으로 내면에서 모든 것과 떨어진 사람은 넓게 되었습니다. 그가 모든 것을 놓았기에 모든 것을 그의 자리로부터 밀치지 않고, 자신 안에 모아 자신에게로 이끕니다. 그러기에 그는 모든 것에 꽉 차 있는 동시에 비어 있습니다.

이 넓음이 본질적인 지식을 가능하게 합니다. 아무것도 그로부터 제외되지 않고, 많은 것이 중심에서 자신을 찾기 때문입니다.

넓음은 본질적인 행동도 가능하게 합니다. 내가 다른 사람들을 만나거나 내게 알려지지 않은 상황에 나를 세워야 할 경우엔 정확히 보는 것이 중요합니다. 그래야 나는 구체적인 행동이 요구될 때 내가 기댈 수 있고 시작할 수 있는 구체적인 암시를 얻습니다. 그러나 이 암시는 금방 자신을 너머로 이끕니다. 그리고 내가 구체적인 것 뒤의 넓은 것에게 나를 맡길 때, 나는 원래의 암시를 넘어 뒤에 있는 본질적인 것을 파악하여 알맞게 행동할 수 있습니다.

어떤 사람이 자신에 관하여 말할 때 내가 그가 말한 대로 받아들이는 경우와 같이, 시작으로서의 구체적인 것은 표면적입니다. 그러나 그때 내가 그를 응시하면 나는 가끔 아주 다른 것, 정반대의 것을 지각합니다. 이 다른 것은 구체적으로 말하여진 것 곁에서 또는 너머에서 지각됩니다. 그래서 나의 대답과 행동이 그의 말에 맞지 않은 것 같아도 나는 그와 그의 일에 더 가까이 있습니다. 그리고 나는 그에게 알맞은 존중에 더 가까이 있습니다.

그때 내가 착오를 범하면 어떻게 됩니까? 넓은 것은 착오를 포함하기에, 넓은 것에서 착오는 교정돼 깊은 인식으로 갑니다. 착오에 대한 두려움은 실험과 실험에 따르는 새로운 다른 가능한 인식뿐만 아니라 새로운 인식으로 가능하여지고 요구되어지는 다른 행동을 주저하게 합니다. 착오 없인 발전도 없으며, 결국엔 넓음도 없습니다.

전체와의 관계

내가 이것은 좋고 저것은 나쁘다 또는 옳고 그르다 판단하면, 넓음을 시야에서 잃습니다. 나는 판단함으로 다른 현실에 마음의 문을 닫아 좁게 됩니다. 내가 행동하려면 결정해야 하지만, 내가 반대할 다른 것이 나에 의하여 판단받지 않고 존중받으면, 그것은 나와 연결돼 있습니다.

내가 모든 것을 존재하는 그대로 내 시야에, 내 존중에 같이 포함시킬 수 있다 할지라도, 나는 모든 것을 행동으로 실현할 수 없습니다. 행동에 있어서 나는 제한되어 있고, 삼가며 인간적으로 머뭅니다. 그러나 내 행동 이외에도 다른 사람의 행동이 중요하다고 인정하면 즉, 그 행동을 전체와의 관계에서 다르게 평가하지 않고 그 행동에 그 의미를 부여하면 나는 내가 행동할 때에 넓게 머뭅니다.

넓은 행동

이 태도가 나의 영혼에 무엇을 야기합니까? 인식에서와 같이 비슷하게 됩니다. 내가 인식 과정에서와 같이, 많은 구체적인 것에서 표면적인 것을 넘어 이끄는 본질적인 것에 닿는 것과 같이, 내 행동은 구체적일 수밖에 없지만 바로 앞의 것 너머 더 많은 것들과 관계됩니다. 다른 사람의 행동을 존중함으로 그리고 그 행동과 나의 관계로 나뿐만 아니라 많은 다른 사람에게 나의 행동은 본질적이 됩니다.

깊이

깊이를 우리는 비밀에 찬, 헤아릴 수 없는 그리하여 접근할 수 없고 감춰진 상들과 연결합니다. 그리하여 우리는 깊은 생각, 깊은 비밀 또한 끝없는 사랑, 깊은 동경, 깊은 믿음, 표현할 수 없는 기쁨과 슬픔에 대하여 이야기합니다.

비밀
깊이의 본질은 무엇입니까? 깊이에서는 전에 개별적이고 분리된 것이 같이 흐릅니다. 많은 것은 깊이에서 우리가 개별적인 것으로 분리할 수 없게 결합됩니다. 깊이에서 많은 것은 전체가 되어, 전체 안에서 개별로 더 이상 파악되지 않습니다. 그럼에도 많은 것은 전체 안에서 전체에게 귀속되게 지각됩니다. 개별적인 것이 전체 안에서 파악되지 않기에 개별적인 것은 우리에게 신비에 차 있습니다. 개별적인 것은 바로 앞에 있지만 잡히지 않습니다. 개별적인 것에서 항상 새로운 어떤 것이 나타나기에 개별적인 것은 우리에게 무한하게 보입니다.
    모든 위대한 예술은 이렇게 신비에 차 있고 깊습니다. 또한 각각 본질적인 통찰을 가집니다. 우리의 인식은 단편적이지만 그럼에도 우리는 부분에서 전체를 예감합니다. 그러기에 우리는 어떤 것을 인식함으로 더 많은 것에 열립니다. 본질적이고 깊은 통찰은 본질적인 진리와 같이 결코 끝에 오지 않습니다.

전체

깊이는 우리를 온전히 잡습니다. 끝없는 사랑과 깊은 동경은 우리를 온전히 잡지만 그럼에도 결코 끝나지 않습니다. 깊은 믿음도 마찬가지입니다. 깊은 믿음은 개별적인 것에, 예를 들면 하나의 교리나 상에 매이지 않습니다. 믿음은 비밀을 향하고 있습니다. 믿음은 비밀을 파악하지 않고 비밀에서 쉬고 있습니다. 깊은 인식이 규명할 수 없는 것의 인식으로 머무는 것과 같이, 비밀이 깊이와 규명할 수 없게 머무는 곳에만 깊은 믿음이 있습니다.

표현할 수 없는 슬픔과 기쁨은 어떠합니까? 둘 다, 만약 그 둘이 우리를 온전히 덮치면 머뭅니다. 기쁨과 슬픔은 조용히 비밀에 찬 "내부로부터의 빛남"이 됩니다. 기쁨과 슬픔은 생명의 신비를 충만히 드러냅니다.

깊은 인식, 사랑, 믿음뿐만 아니라 깊은 기쁨과 슬픔에서 온 행동은 깊은 행동입니다. 이 행동이 어떻게 마음을 움직이게 하고 무엇을 말하는지 개별적으로 파악될 수는 없지만, 이 행동은 영혼에 깊은 것이 생기게 합니다. 이러한 행동과 효과에서 우리의 인식뿐만 아니라 우리의 사랑, 믿음, 기쁨과 슬픔도 본질적이고 깊이가 있다는 것이 증명됩니다.

충만

무엇이 깊이와 대립하고 있습니까?

   표면적인 것, 자의적인 것, 의도적인 것, 생각의 창백함, 시끄러운 것, 바쁜 것, 서두름과 현혹 등입니다.

   무엇이 깊이로 이끕니까?

   우리가 생명에 속하는 모든 것과 함께, 생명이 어떻게 시작하고 끝나든 상관하지 않고 우리를 생명에 맡기면 충만한 생명이 우리를 깊이로 이끕니다. 가장 깊은 것은 자신의 죽음 끝에 있기 때문입니다. 삶의 모든 깊이는 우리로 하여금 죽음의 깊이를 준비하게 합니다. 깊은 인식, 깊은 사랑, 깊은 믿음, 깊은 행동과 슬픔은 죽음을 준비합니다. 무엇보다 그것들은 우리들의 깊은 삶의 실행의 열매로서, 깊은 기도와 기쁨으로 마지막 비밀에게 헌신함으로써 죽음을 준비합니다.

기대

제한

기대함으로 나는 어떤 것과 관계를 맺어 어떤 것을 나에게 이끕니다. 나의 기대로 어떤 것을 붙잡아 더 이상 놓지 못합니다. 그리하여 나에게 기대된 것은 더 이상 나로부터 자유롭지 못합니다.

나를 기다리고, 나로부터 어떤 것을 기대하는 사람들도 있습니다. 그들은 그렇게 나를 그들에게 끌고 붙잡아, 나를 더 이상 놓지 않습니다.

기대는 상호적일 수 있습니다. 그런 기대는 특별히 연결합니다. 부부 사이의 기대라든지, 또는 부모의 자녀에 대한 기대, 자녀의 부모에 대한 기대 등입니다.

마음을 엶

가끔 우리는 기대 없이도 있습니다. 실망하였기에 아무런 기대를 하지 않을 수 있지만, 예기치 않은 것에 우리를 열어, 예기치 않은 것을 준비하고 있기 때문일 수도 있습니다. 우리가 우리나 다른 것을 기대로 묶지 않고 제한하지 않기에, 어디에도 묶이지 않는 새로운 어떤 것이 무엇보다 정신적인 방법으로 나타나 우리를 사로잡을 수 있습니다. 예를 들면 결정적인 통찰뿐만 아니라 예기치 않은 성공도 기대 없이 맑은 하늘의 번개와 같이 옵니다. 그러기에 통찰과 성공은 선물로 경험되고 특별히 행복하게 합니다.

기대의 반대는 마음을 엶입니다. 의도 없이 마음을 엶입니다. 마음을 엶은 선입관과 두려움 없이 −선입관과 두려움도 기대이기에− 현상들의 충만에서 어떤 본질적인 것이 스스로 나타나기까지 기다리는 철학의 전제입니다. 그렇게 나타나는 것은 언제나 기대와 다른 것입니다. 그것은 좁음에서 넓음으로, 표면에서 깊이로 이끕니다. 무엇보다 스스로 나타나는 본질적인 것은 우리를 행동하게 합니다. 이 행동은 이제까지의 한계를 뒤에 놓게 하여, 분리된 것이나 서로 용납하지 않게 보였던 것을 더 높은 차원에서 하나로 연결합니다.

오직 제한된 것만이 기대됩니다. 넓음은 제시간에 오고 갑니다.

겸손

분수

겸손은 모아진 힘입니다. 겸손은 열광하지 않고, 자신을 맡긴 큰 힘들을 존중함에 머물기 때문입니다. 겸손은 이 힘에서 자신의 힘을 얻어, 이 힘에서 나와 이 힘과 함께 시간이 되면 행동합니다. 그리고 자신의 일이 완성되면 분수를 지켜 스스로 물러섭니다. 겸손은 자신이 이룬 것에 필요한 만큼 머물고, 이룬 것을 다시 자유롭게 놓습니다. 바로 그러기에 겸손이 시작하게 한 것은, 겸손 쪽을 뒤돌아보지도 않고 겸손과 관계하지도 않으면서 계속 효력을 발합니다.

그리하여 겸손한 사람도 자유롭습니다. 지나 버린 그의 행동이 그를 더 이상 잡지 않기에, 그는 이미 이룬 것에 자신을 잃지 않고 새로운 행동을 위해 정신 집중할 수 있습니다.

용기

겸손한 사람은 모든 것에서 강하게 작용하고 있는 힘에 순응합니다. 그러나 다른 사람들에게는 단호합니다. 겸손한 사람은 그들의 칭찬이나 비난으로 자신의 정신 집중에 방해를 받지 않기에 그들에게 의존될 수 없습니다. 그렇게 그는 자신의 힘에 머물러 강합니다.

그러나 그가 모두에게 똑같이 봉사하는 힘들과 공명에 있기에 힘이 있는 그의 행동은 기분 좋게 경험됩니다.

겸손한 사람은 물러서서 다른 사람들을 감격시킵니다. 자신은 뒤에 머물지만, 다른 사람들이 갈 수 있는 문을 엽니다. 그러나 가끔 겸손한 사람은 다른 사람들이 머물러 서 있는 문을 통과해 갑니다. 문 뒤에 기대된 것이 그들을 두렵게 하기 때문입니다. 그가 따른 같은 힘과 공명이 온 후에 그들은 겸손한 사람을 따라 이 길을 갈 수 있습니다.

통찰

그러한 겸손은 통찰에서 옵니다. 적용된 통찰입니다. 이 통찰로 겸손은 아주 큰 자주성을 얻습니다. 자주성에서 겸손은 다른 사람이 망설일 때 단호하게 행동하는 용기를 가집니다.

적용된 통찰로서의 도움은 용기와 자주성을 필요로 합니다. 이 자주성이 용기에게 알맞은 통찰을 부여하기에 그러합니다. 그렇기 때문에 겸손한 사람들은, 그룹의 다른 사람들에게 봉사하지만 그룹 압박을 벗어나 독자적 행동을 합니다. 그럼에도 그들은 서로 연결돼 있습니다. 겸손한 사람을 안고 있는 힘들과의 공명에 있지 않는 한, 겸손한 사람에게 의무를 지울 수 없습니다. 여기에서도 이 공명이 지속할 동안뿐입니다.

겸손은 언제나 냉철합니다. 원래의 일과 목적에서 벗어나지 않은 겸손은 어떤 유혹에도 자신의 한계를 넘지 않습니다. 그러기에 겸손은 신들의 어떤 것이나 신들과 비슷한 신의 어떤 것도 기대하지 않습니다. 신들의 약속이 아무리 달콤하더라도 또는 그들의 협박이 아무리 겁나더라도 겸손은 좌지우지되지 않습니다. 이것들을 넘어 겸손은 우리에게 비밀로 있는 창조적인 움직임 앞에 기도의 자세를 하고 있습니다. 이 움직임이 겸손을 덮치면 겸손은 이 움직임과 같이 가지만, 이 움직임이 겸손을 지나가면, 겸손은 멈춰 섭니다.

겸손은 염려가 없습니다. 가득 차 있기에 겸손은 조용하고 평온하며 쾌활합니다. 한계를 알기에 겸손은 현명합니다. 그러나 이 한계 안에서 겸손은 세계와 세계의 충만과 세계가 그에게 선물하는 모든 것에 기뻐합니다. 겸손한 사람은 성인인 체하지 않습니다.

위대함

일을 붙잡아 하기보다 회피하는 잘못된 겸손도 있습니다. 요구해야 하는데 양보하고, 이끌어야 하는데 복종합니다. 요구되어지는 것을 오직 첫째 자리에서만 이룰 수 있는 데도, 잘못된 겸손은 첫째 자리를 두려워합니다. 정상에서만 겸손한 사람은 가끔 통찰이 그에게 요구하는 것을 할 힘을 갖습니다. 그러기에 겸손은 자신의 위대함을 인정하는 용기를 필요로 합니다. 위대함이 겸손의 능력과 과업에 상응하여 알맞을 때입니다.

물론 물러설 때가 되면 겸손은 이 위대함과 함께 이 위대함으로부터 물러납니다. 겸손은 길 위에 있지만, 이미 언제나 목적지에 있기 때문입니다.

사랑

풍부한 사랑

사랑은 흐릅니다. 사랑은 깊이에서 항상 밖으로 그리고 위로 흐르는 샘입니다. 샘은 메마른 땅을 적셔, 목마르게 갈망하는 생명체의 요구를 충족시킵니다. 샘이 메마르지 않도록 샘을 채우는 물은 어느 깊이에서 옵니까? 깊이에 있는 샘물은 무엇으로 모아집니까?

우리의 조상들은 우리와 같이 사랑할 수 있었습니까? 혹은 그들의 사랑은 세대를 거치며 모아져 침묵의 호수가 되지는 않았습니까? 이 침묵의 호수에서 우리의 사랑을 채우지는 않습니까? 우리가 우리 조상의 사랑을 기억하면, 영혼은 더 풍부해지지 않습니까? 우리의 사랑에서 그들의 사랑은 계속 흘러, 우리의 사랑은 그들의 사랑으로 무진장하게 풍부해지지는 않습니까? 우리의 사랑에서 같이 울려, 그들의 사랑은 우리 사랑의 노래에서 그들의 노래를 부르지는 않습니까?

정화된 사랑

혹시 정반대는 아닙니까? 그들의 사랑이 죄와 힘든 운명으로 해를 입고 자포자기하여 깨어졌다면, 우리의 사랑은 무서워하고, 의심이 많고, 눈멀고, 허락되지 않게 되는 게 아닙니까? 혹시 우리의 사랑은 그들의 사랑이 이룰 수 없었던 것을 우리가 이제 극복하여 완결시키기를 기대하고 희망하지는 않습니까? 그렇다면 한 면에서는 우리의 사랑이 더 힘들어 하지는 않습니까? 그러나 다른 면에서는 우리가 그들의 사랑이 이루지 못한 것을 이룬다면, 그들의 사랑은 정화돼 흘러 우리의 사랑에서 계속 완성되어 우리의 사랑에 자신의 광채를 주지는 않습니까?

이와 관련하여 릴케Rilke는 『두이노의 비가』 3장에서 말합니다. "보아라, 우리는 꽃들과 같이 단 일 년으로만 사랑하지 않는다. 우리가 사랑할 때, 인간의 기억이 미치지 않는 주스가 우리의 팔로 흘러 우리의 사랑을 앞선다."

동시에 위의 것은 우리의 사랑에서 우리를 소박하게 합니다. 우리는 서로 조심하게 되고 세심하게 배려하게 되어 사랑을 날마다 새롭게 배웁니다.

영의 사랑

그러면 영의 사랑은 어떠합니까? 영의 사랑이란 게 있습니까? 있다면 어떻게 우리는 배웁니까?

영의 사랑은 영과 같이 개인적인 사랑일 뿐만 아니라, 전체를 향하고 있습니다. 그 사랑은 이웃 사랑이면서, 가장 먼 것의 사랑입니다. 영의 사랑은 개인적인 사랑을 포함한 모든 것이 율동과 힘을 얻는 창조적인 움직임으로 자신을 평가합니다. 영의 사랑은 개인적인 사랑이 제외한 것을 받아들이고, 개인적인 사랑을 넘어 성장하여, 존재하는 그대로의 전체와 공명에 옵니다. 빛이 향하지 않는 어두운 면과도 공명에 옵니다. 그렇지만 영의 사랑은 느낌에 있지 않습니다. 영에 있습니다.

그럼에도 영의 사랑은 개인적인 사랑에 영향을 되미칩니다. 개인적인 사랑을 홀로 있는 것에서 끌어내어 넓게 하고, 개인적인 사랑을 다른 더 큰 것에 봉사하게 합니다. 그러면 개인적인 사랑의 내밀성의 어떤 것이 약화될 수도 있지만, 영의 사랑은 개인적인 사랑에 특별한 위대함을 선물로 줍니다.

영의 사랑은 창조적이기에, 창조적으로 작용하므로 자신을 평가합니다. 영의 사랑은 자신이 창조한 것에서야 자신의 완성을 이룹니다.

내면의 성장

효과

지식

응용철학은 어떤 것이 생기게 합니다. 무엇이 생깁니까? 응용철학은 필연적으로 결과를 가져오는 하나의 원인을 제공합니까? 혹은 결과를 위해 단지 조건들을 만듭니까? 지식이 성공할 수 있는 행동의 원인이 될 수는 없지만 행동의 전제일 수 있지 않습니까?

행동은 결정과 의도를 따라 결정과 의도에 의해 직접 시작되기 때문입니다. 그럼에도 의도와 결정에 앞서는, 알맞은 인식이 없이는 결정과 의도는 없습니다.

길

그러나 인식 자체는 원인의 결과가 아닙니다. 인식은 우리가 부여한 원인에 의해 필연적으로 생기지 않습니다. 그럼에도 인식은 어떤 방법, 예를 들면 현상학적인 방법으로 준비됩니다. 그리하여 인식이 얻어져도, 그 인식은 준비한 것과 관계없이 독자적으로 나타납니다만 준비한 것과 관련이 있습니다.

이 고찰에서 보는 바와 같이 "원인-결과"의 사고 범주만으로는 충분하지 않습니다. 그러기에 이 사고 범주와 깊이 연결된, 이 사고에 의존하는 과학적인 방법들도 충분하지 않습니다.

전망

이제까지 서술된 응용철학에서 무엇이 발생합니까? 영혼과 정신(영)에서의 변화입니다. 새롭고 다른 전망입니다. 갑자기 다르게 생명에 특별하게 봉사하는 방법을 가능하게 하는 통찰입니다. 무엇보다 통찰은 어떤 행동이 −그 행동이 아무리 열광적으로 행해져도− 실패할 수밖에 없다는 것을 꿰뚫어 보기 때문입니다.

이 의미에서 응용철학의 효과는 어떤 것을 얻으려는 여러 시도를 애초부터 안 하게 한다든지 또는, 그럼에도 행해진 시도는 제때에 중단하게 하거나 포기하게 한다는 것입니다. 이 시도들이 비참한 종말까지 계속된 경우에도(예를 들어 파경에 이른 혼인을 잘되게 하려는 시도 등) 왜 이러한 시도가 실패할 수밖에 없었는가 되돌아보면 쉽게 알게 됩니다.

적용

우리가 이 인식을 적용하면, 우리가 내면에서 성장한다는 것이 또 다른 하나의 효과입니다. 무엇보다 우리가 이 인식을 적용함으로, 우리에게 이제까지 알려지지 않은 새로운 것이 우리에게 들어와 우리 안에서 활동할 수 있게 되기 때문입니다. 우리가 이제까지 지각하려고 하지 않았던 어떤 것들이나 또는 거절했던 것들을 이제 우리가 존중하여 우리 안에서 작용하게 하기에 우리는 성장합니다. 반대로 이 인식의 적용은 우리가 이제까지 꿰뚫어 보지 못했기에,

우리를 꽉 묶고 결정적인 행동을 방해했던 많은 것을 놓게 합니다. 그리하여 우리는 성장할 수 있습니다.

행동

본질적인 인식이 우리를 덮치기에, 인식에 상응된 행동은 우리에게 불가피합니다. 그렇지 않다면 그것은 본질적인 인식이 아닙니다. 본질적 인식은 우리를 행동하게 하며 행동을 가능하게 합니다. 이 의미에서 본질적인 인식은 원인인 동시에 결과입니다.

사랑의 어머니

헤어짐

어머니, 당신은 수백만 다른 여자들과 같은 보통 여자였습니다. 당신은 제 아버님께 끌렸습니다. 사랑과 본능은 당신들을 연결하여, 당신들은 온전히 남자와 여자가 되었습니다. 그리하여 제가 생겼습니다.

당신은 저를 아홉 달 동안 가장 깊은 공생 상태로 당신의 태에 안고 사셨습니다. 그리고 당신은 저를 세상에 보냈습니다. 당신의 몸은 출생 후에도 제가 점점 당신으로부터 떨어질 때까지 저를 길렀습니다. 그리고도 저는 수십 년 동안 당신의 보호와 사랑스런 양육을 받았습니다.

처음부터 저는 당신과 연결되어 있었습니다. 처음엔 모든 면에서 떨어질 수 없게, 그리고 나서는 육체적으로 당신으로부터 떨어졌습니다. 출생의 큰 아픔으로 그리고 조금 덜 아프지만 젖을 뗄 때의 슬픔으로, 그리고 점점 저는 커서 당신을 떠나 독립했습니다.

내면에서도 저는 당신으로부터 독립했습니까? 그럴 수 있습니까? 아직도 저는 저의 영혼에서 당신과 하나가 아닙니까?

신적인 것

질문은 '당신은 당신이었던 그대로 나의 영혼과 하나가 되려고 동경합니까?'입니다. 나의 영혼은 아직도 어떤 것을 당신이었던 것으로부터 기대하고 있기에 저는 이렇게 질문합니다. 당신을 휘감고 있는 광채는 당신의 광채입니까? 이 상들과 이 깊은 갈망과 이 기대로 저는, 한 인간이었던 당신에게 주어져야 할 당연한 존경을 당신에게 거절하는 건 아닌지 모르겠습니다. 당신 안에 당신을 넘어서는 다른 어떤 것이 단지 압축된 것은 아닙니까? 그리고 당신은 단지 그것의 잔영이 아닙니까? 당신 안의 크고 강한 것은 다른 어떤 것의 힘과 위대함이 아닙니까? 당신 안의 것은 다른 어떤 것의 사랑이며, 죽음과 삶을 관장하는 그 어떤 다른 것의 힘이 아닙니까? 당신에게서 그 어떤 것은 육화되어 있어 당신을 통해 나타나 저를 끌지만, 저는 닿을 수 없기에 그 어떤 것은 멀지만 동시에 가깝습니다.

당신 안에서의 신적인 것이 제게는 그것을 잡을 수 있는 것처럼 너무나 가깝습니다. 그렇지만 당신은 제가 그것으로 가려는 길에 장애가 됩니다. 제가 계속 더 가야 하는데도, 저는 당신이 저의 하늘과 목표인 것처럼 당신 곁에 머뭅니다.

근원

그러면 저는 어떻게 당신을 넘어 제 생명의 마지막 근원에 닿습니까?

저는 당신을 놓습니다. 당신 앞에서 단순하게 됩니다. 저는 당신이 제게 인간으로서 주실 수 있는 것을 넘어서는 저의 기대와 동경을 거두어들입니다. 그리고 당신을 단순히 인간으로 봅니다. 당신이 잘하지 못하신 그 모든 것뿐만 아니라, 어린아이가 보고 말할 수 있는 당신의 잘못에서조차 저는 빛과 어둠, 제한돼 있으면서도 위대한 인간인 당신을 봅니다.

동경

그러면 저는 당신께 돌아가, 도착하고 싶은 나의 동경과 깊은 소원으로 무엇을 합니까? 최초의 시작과 같이 당신과 다시 하나가 된단 말입니까?

아, 당신께 돌아가고 싶은 이 동경은 생명의 근원과 더 큰 포괄적인 하나가 되려는 나의 동경을 잡습니다. 목적지에 닿으면 이 동경은 순수해지고, 느낌 너머에 있습니다. 근원에 닿은 동경은 영적이고, 분명하여, 움직이지 않습니다. 이 동경은 단지 잡히고 끝없이 놓습니다.

마지막

그러면 사랑의 어머니, 당신께 무엇이 발생합니까?

제가 당신을 넘어 움직이기에 당신이 더 이상 제 길에 방해가 되지 않는 것처럼, 저도 더 이상 당신께 방해가 되지 않아 나의 동경과 기대로 더 이상 당신을 잡지 않습니다. 이제 당신도 마지막을 위해 저로부터 자유롭습니다.

아이임과 아이로 머묾

동의

내가 나의 부모를 우러러보며, 그분들 앞에 있는 아이로서의 나를 보고, 내가 언제나 그분들에게 아이로 머문다고 동의하면, 나는 특별하게 생명과 땅에 연결됩니다. 나는 나의 생명보다 전에 있었던 것과 내가 연결된다는 것을 압니다. 그리하여 저는 교만함에서 벗어나 나에게 주어진 나의 생명뿐만 아니라 그 생명에 속하는 모든 것과 깊은 동의와 공명할 수 있습니다.

자신의 것

당연히 나는 어른이 되기 위해 그리고 자신의 것을 이루기 위해 부모로부터 떨어져야 합니다. 나는 내 안에서 우리 부모를 넘어서는 어떤 사명이나 과업을 감지할 수 있습니다. 그것이 부모를 적대하는 것이 될 수 있습니까? 부모님들도 자신들의 것을 이루기 위해 자신들의 부모님들과 헤어지지 아니했습니까? 나의 부모가 되기 위하여 그리고 내가 그들과 헤어질 수 있어 독립할 때까지 나를 양육하고 교육시키지 아니했습니까? 그리하여 나는 그들에게 의존하고 있지 않아 자유롭습니다.

공명

정말 그렇습니까? 그렇다면 나는 남녀인 나의 부모를 나의 부모로 만나게 한 것과도 헤어지지 않습니까? 생명을 안고, 결정하며, 조종하는 창조적인 움직임과도 헤어지지 않습니까? 그리하여 나는 땅에 서 있지 못하고, 자신의 힘으로 내 삶뿐만 아니라 다른 사람들의 삶을 결정하고 조종할 수 있다고 생각하지는 않습니까?

그러나 내가 언제나 나의 부모의 아이로 머문다는 것과, 내가 가진 가능성이 궁극적으로 그분들을 통하여 내게 왔다는 것과, 그리고 내가 오직 부모를 통하여만 생명을 결정하는 창조적인 힘들과 전체로서 연결되었고 지금도 연결되어 있다는 것을 내가 분명히 의식하면, 아이임의 동의는 —이제 아주 더 포괄적인 의미에서— 나를 아주 온전히 생명의 충만함과 공명에 오게 합니다. 그리하여 그 동의는 나를 작지 않고 크게, 미성년이 아니라 성년이 되게, 의존돼 있지 않고 생명에 정말로 봉사하기 위해 자유롭게 합니다.

책임

이 본질적인 의존성의 통찰은 철학적인 통찰입니다. 이 통찰은 느낌이나 영혼에서 오지 않습니다. 이는 영적인 통찰입니다. 이 통찰에 맞는 행동은 이치에 맞는 행동입니다. 응용철학입니다. 이 행동은 영과 같이 갑니다.

이 통찰이 평소의 행동을 위해 얼마나 중요할 수 있는지 그리고 우리에게 무엇을 요구하는지, 무엇보다 우리가 다른 사람을 위해 책임지려는 우리의 관계들에서 경험합니다. 여기에서 말한 의미의 아이로 머문다면, 결코 우리가 그들보다 더 잘났다고 하지 않게 됩니다. 그러면 우리와 같이 그들도 그들 부모의 자녀로 머물러 있을 수 있어, 그들 부모를 통하여 그들만의 특별한 방법으로 전체로서의 생명에 연결됩니다.

그렇다면 어느 누가 그들의 행복과 운명이 자신에게 달린 것처럼 그들을 염려하겠습니까? 우리가 평소에 삶을 영위하기 위해 서로 돕는 것을 제외하고 말입니다. 예를 들면 우리는 자립심이나 지식, 경험 그리고 기술 등을 위해 부모가 자녀에게 또는 선생님이 학생에게 도움을 주는 것처럼 도움을 줄 수는 있습니다.

보호

그러나 세계관이나 구원론과는 어떠합니까? 정말로 아이로 머물러, 그리고 다른 사람들을 그들 부모의 아이들로 보고 그들 부모의 아이들로 머물게 두는 사람이 어떻게 그런 주제넘은 짓을 할 수 있겠습니까?

저 깊이에서 우리 부모의 아이로서 뿐만 아니라 부모를 통해 우리에게 닿은 생명 앞에 아이로 머무는 우리는 결코 그런 주제넘는 짓을 하지 않습니다. 그리하여 우리는 그러한 월권을 가지고 우리를 지도하여, 자신들을 위해 봉사하게 하려고 시도하는 사람들을 단지 그들 부모의 아이로 보고 그들 부모의 아이들로 머물게 둡니다.

사랑, 서로 존경함 그리고 평화에 봉사하는 것보다 더한 어떤 것이 있기나 합니까? 더 부가하여 말하자면, 내면의 태도에서 볼 때 어느 것이 더 치유력이 있고, 더 돕고 그리고 영에 알맞습니까?

이기 체己

봉사

오직 나에게 유용한 것만이 다른 사람들에게도 유용할 수 있습니다. 나를 돕는 인식만이 다른 사람들도 도울 수 있습니다. 그러기에 우선 나는 나를 위하여 인식의 길을 갑니다. 우선 나는 이 길에서 얻은 인식을 나를 위해 적용합니다. 내가 우선 이 인식의 가치를 내게 실험하여 좋게 받아들여 이 인식을 스스로에게 적용하지 않고, 어떻게 내가 다른 사람들에게 인식을 좋게 전달하고, 인식에서 나오는 행동을 보이고, 그렇게 하라고 하겠습니까? 여기에서 이기체己는 동시에 다른 사람들에게 봉사입니다.

사랑

같은 것이 사랑에도 적용됩니다. 사랑이 다른 사람들과 그리고 나의 주위와의 공명이라면 우선 사랑은 나 스스로와의 공명에서, 나의 건강과의 공명에서, 그리고 나의 성장에 봉사하는 것과의 공명에서 실증됩니다. 사랑은 본질적으로 나의 부모, 조상과의 공명에서, 내 개인적인 운명, 재능, 사명 그리고 나의 한계와의 공명에서 분명해집니다. 또한 사랑은 다른 사람들과 나의 삶을 나누고, 다른 사람의 사랑에 열릴 준비가 되어 있음에서 입증됩니다. 그러면 다른 사람을 위하는 나의 사랑은 나 자신의 충만에서 옵니다. 나의 사랑은 자신의 충만에 다른 사람들이 같이 누리도록 하며, 그들의 충만을 같이 나눕니다.

이 이기는 그러기에 언제나 다른 사람과 관련되어 있으며, 그들을 염두에 둡니다.

다른 것

그러나 우리는 가족, 씨족 그리고 다른 큰 그룹의 한 부분입니다. 그것들이 없으면, 우리는 삶을 영위할 수도 발휘할 수도 없습니다. 이 시스템의 구성원으로서 우리는 다른 사람들뿐만 아니라 더 큰 전체를 위하여 가끔 표면적인 자신의 것을 잠시 미뤄야 합니다. 이렇게 부모는 자녀를 위해 자신의 많은 소원들을 포기합니다. 마찬가지로 부모가 봉양을 필요로 하면 자녀도 그렇게 합니다.

국가도 자주 국민에게 공동체 전체의 불가피한 발전을 위해 이기심을 잠시 미루라고 요구합니다. 그리하여 세금을 내고, 유사시에는 생명을 내놓기도 합니다. 소방대원, 의사, 경찰, 군대 등입니다.

충만

다른 사람들을 위하는 그러한 일은 각 개인에게 가치감과 깊은 충족감을 가져다줍니다. 그는 자신의 그룹에서 자신의 일로 자신이 존경받는다는 것을 잘 압니다. 그리하여 그룹에서 중요한 자리를 차지합니다.

    결정적인 순간에는 사실상 모두가 다른 사람을 위해 자신의 생명을 내놓을 준비를 합니다. 그 순간에 우리의 저 깊은 곳에서는 우리를 넘어서는 어떤 것이 자신의 생명보다 중요하다는 것이, 그리고 영혼에서는 우리가 속한 그룹의 안녕이 자신의 이익보다 앞선다는 것이 분명합니다. 여기에서야 우리는 정말로 우리 스스로에게 오며 충만을 얻습니다.

투쟁

생존

모든 살아 있는 것은, 우리도 마찬가지입니다만 많은 저항을 받으면서 성장하고 발전합니다. 주위와의 교류가 있을 뿐만 아니라 계속하여 투쟁하고 있습니다. 이 투쟁은 가끔 살고, 살아남기 위해 살아 있는 다른 것을 죽여 자기 것으로 해야 할 때도 있습니다. 이 투쟁에서 우리는 살아 있는 다른 것이 우리를 없애려고 또는 우리의 한계를 지시하는 것을 경험해야 합니다. 그러기에 우리는 이 싸움을 피할 수 없습니다.

전체

그럼에도 우리는 우리에 대항하여 싸우는 다른 것뿐만 아니라 우리가 찾는 싸워 이길 상대를 전체 안에서 똑같이 필요 불가피한 것으로 존중해야 합니다. 우리는 이러한 것이 모든 살아 있는 것을 움직이게 하고 있는 창조적인 근원의 힘에 의해 원해지고 있다는 것을 인정해야 합니다.

그럼 결론은 무엇입니까?

전체를 보는 우리는 투쟁에서 승자가 되든 패자가 되든 또는 가해자가 되든 피해자가 되든 우리와 다른 사람에게 똑같이 동의할 수 있습니다. 우리가 투쟁에서 양쪽 다 불가피한 결의를 가지고 다른 사람을 공격하거나 또는 방어할지라도, 투쟁 중에 전체에게 향하며 전체를 향하여 정신 집중하여 머물게 하는 방법으로 우리 스스로를 고려하지 않을 수 있습니다. 즉 투쟁 중에 우리뿐만 아니라 전체가 공격하기도 하며 방어하기도 하여, 투쟁 중에 우리는 전체와 그리고 전체 안에서 우리뿐만 아니라 다른 사람과 공명에 머뭅니다.

그러면 삶과 죽음 그리고 승리냐 또는 패배냐가 다르게 나타납니다. 더 정확히 말하자면, 전체 안에서는 이것이 좋고 저것이 나쁘지 않을 뿐 아니라 이것이 더 크고 저것이 더 작지도 않습니다. 모든 것이 같은 목표에 봉사하여, 전체 안에서 같게 들어 올려져 있습니다. 그러기에 나는 투쟁에서 다른 사람을, 그에게 반대하지 않고 무엇보다 저 깊이에서 전체와의 연결을 잃지 않고 공격하며 그로부터 나를 방어할 수 있습니다. 그러면 나의 중심은 나로부터 전체로 이동하여, 나는 그곳에서부터 나의 힘뿐만 아니라 나의 분수를 얻기 때문입니다.

그룹 사이의 투쟁

투쟁은 단지 개인 사이뿐만 아니라 내가 속한 그룹과 다른 그룹 사이에도 있습니다. 나는 내 그룹의 한 구성원으로서 다른 그룹과의 투쟁에 휘말리고 싸워 다른 그룹을 없애려고까지 해야 합니다. 그룹들도 개인과 마찬가지로 투쟁에서 자기주장을 해야 합니다. 각자는 그룹의 일원으로서 서로 공격하고 방어하기에 그룹 간의 투쟁은 대부분 원래의 싸움이기 때문입니다.

조정

대부분의 투쟁들은 조정으로 끝납니다. 양 당사자가 그들의 힘의 한계에 다다르면 조정이 이뤄집니다. 그리하여 조정은 양자에게 필요하고 가능한 것을 상호 존중과 상호 지원으로 확실하게 합니다.

가족에서의 풀리지 않는 싸움들

그룹 안에서, 특히 가족 내에서도 각자는 스스로 의식하지 못하고 과거 자신 시스템의 풀리지 않은 싸움에 얽힙니다. 즉 풀리지 않은 싸움이 그 영혼에 계속돼 거기에서 풀림을 찾습니다. 싸움이 그 싸움을 끝나게 하여 싸움 당사자를 서로 화해하게 할 수 있는 권리와 능력이 없는 다른 가족 구성원에 전이되었기 때문에, 그는 풀림을 찾을 수 없습니다.

예를 들면 두 번째 혼인에서 태어난 아이는 자신이 의식하지도 못하고 아버지와 아버지의 첫째 부인과의 싸움을 아버지의 첫째 부인을 대신하여 그 부인과 같은 느낌과 태도를 가지고 아버지를 대하는 경우에 그 싸움은 원래 싸움이 발생한 데서 풀어져야 합니다.

민족 간에 풀리지 않는 싸움들

개인적인 것과 비교할 수 없이 큰 결과를 우리는 치욕을 당한, 정복을 당한, 더 나아가 거의 전멸당한 민족들의 후손들이 과거의 싸움을 지금 끝까지 수행하려고 하는 데서 봅니다. 유대인 강제

수용소의 희생자의 후손이나 미국 원주민의 후손 등에서 우리는 봅니다.

과거의 싸움이 현재로 전이된 경우에, 싸움은 끝나지 않고 계속됩니다. 그런 싸움은 생명과 생존 그리하여 미래에 봉사하는 진짜 싸움에 반하여 생명과 생존에 반합니다. 그런 싸움은 앞을 보지 않고 뒤를 보며, 다시 살릴 수 없는 과거를 위하여 미래를 희생합니다.

원래 정복당한 그룹은 그룹으로서 현재의 요구를 가지고, 보상의 희망이나 정의가 승리한다는 희망 그리고 패배가 반전되는 희망으로부터 쉽게 자유롭지 못합니다. 해방은 보여지는 바와 같이 오직 개인으로만 가능합니다.

단념

실천적으로 이는 무엇을 말합니까? 전체 안에서 민족뿐만 아니라 개인이 생기고 사라지고 그리고 전체 안에 보존된다는 전체의 관점에서 보게 되면 그들은 과거로부터 자유롭게 되어, 화해되든 화해되지 않든 과거를 뒤로하고 현재의 강한 그룹에 속하여, 거기에 녹아 과거의 희망으로부터 자유롭게 되어 그들에게 가능한 그리하여 열린 현재에 생명과 생존을 얻습니다.

이 걸음은 업적입니다. 영적인 업적입니다. 과거의 좁음에서 미래의 넓음에로의 이행입니다. 현재 가능한 것에의 통찰과 전체 안에서 아마도 단념된 희망으로부터 새로운 생명이 싹트는 전체에의 동의함에서 이뤄집니다.

평화

평화는 이 땅에 있습니다. 평화는 이 땅에서 가능하기에 여기에서 찾아집니다.

생각

어디에서 평화가 시작합니까?

　우리의 생각에서 시작합니다. 평화는 평화의 생각과 함께 시작합니다. 평화란 분리된 것이 다시 합쳐져 같이 평화롭게 사는 것입니다. 같이 평화롭게 사는 것이란 서로 상대가 어떠하든 존경하는 것입니다. 서로 한계를 존경하는 것입니다. 그리하여 동의하고 그 한계를 넘어서는 것입니다. 그런 후에 다시 제시간에 맞춰 자신의 경계 안으로 물러서는 것입니다.

경계

또한 평화란 우리 경계 밖으로 추방하여 어디에서도 자리를 갖지 못하는 것에게 우리의 경계를 열어 우리의 경계 안에 자리 잡을 권리를 주는 것입니다. 이러한 것은 우리의 생각에서 시작합니다.

　무엇이 이 평화의 생각에 대항합니까? 판단입니다. 편을 나눠

이쪽은 귀속의 권리가 있고, 저쪽은 귀속의 권리가 조금 있거나 전혀 없다는 판단입니다. 다른 사람들에 대한 두려움도 있습니다. 특히 우리나 우리 그룹이 잘못한 사람들에 대한 우리의 두려움입니다. 우리가 그들에게 자리 잡을 권리를 준다면 그들이 우리로부터 어떤 것을 빼앗거나 우리를 제한할 거라는 두려움입니다.

과거

생각에서의 평화는 우리 생각에서 판단과 두려움을 극복하는 데 있습니다. 그러나 그 판단과 두려움은 우리 개인의 판단이나 두려움이 아닙니다. 우리 조상들의 판단이나 두려움입니다. 우리 조상들의 잘못이며 잘못을 정당화하려는 시도입니다. 조상들은 우리를 통하여 판단합니다. 우리를 통하여 두려움을 갖습니다. 우리를 통하여 변명합니다. 그리고 그들이 평온해하기 위해 우리가 그들을 위하여 그들에게 거절된 평화를 생각하고 찾기를 기대하고 있을지 모릅니다.

우리는 홀로 생각하지도 또한 우리만을 위하여 생각하지도 않습니다. 그 우리 안에서, 우리 가족에서, 우리의 집단에서, 더 넓게 우리 관계들에서 평화는 시작합니다.

도덕

판단과 두려움 그리고 죄와 변명은 우리가 우리 자신의 도덕과 양심의 좁은 한계 안에 머물러 있는 한 불가피합니다. 그리하여 우리가 판단과 두려움 그리고 죄와 변명을 극복하려고 하면, 우리의 생각은 양심을 넘어 다른, 더 넓고 높은 차원으로 갑니다. 위에서 그리고 멀리에서 볼 때, 판단과 두려움 그리고 죄와 변명은 표면적으로 서로 싸우고 있는 강렬한 생명의 힘의 상호작용에 속합니다. 그러나 전체와 종말에서 볼 때, 위의 네 가지는 우리와 생명에게 더 포괄적인 풀림을 강요합니다. 이 풀림에서 분리된 것이 언제나 강하게 공명합니다. 그리하여 평화입니다.

투쟁

그러기에 이 평화는 결코 정적이 아닙니다. 끓고 있으며 앞으로 나아가고 있습니다. 평화는 불가피한 다음 투쟁 전에 있는 힘들의 집중입니다. 그러나 이제 우리는 다른 방법으로 투쟁을 준비합니다. 투쟁이 시작될 때 벌써 우리는 투쟁이 어디로 이끌릴지 압니다. 그리고 투쟁 중에도 평화와 평화를 가져올 어떤 것을 벌써 마음에 그립니다. 우리는 투쟁이 우리 자신의 최소한 행동으로 소진될 수 있도록 투쟁에 맞섭니다. 예를 들면 시간에 맞는 후퇴와 삼감으로 상대편의 힘이 겉으로 제지받지 않고 확산되므로 마비되게 합니다.

투쟁이 열광과 정열이 아니라 영으로 극복됩니다. 투쟁이 결국 봉사하는 투쟁 위에 있는 것을 바라봄으로 가능합니다. 그리하여 우리는 투쟁 중에 벌써 내면에선 투쟁이 이끄는 곳, 즉 평화에 있습니다.

이뤄졌습니다

길

어떤 것이 행해져 더 이상 부족함이 없게 되면, 어떤 것은 이뤄집니다. 이렇게 작품뿐만 아니라 한 삶도 완성됩니다. 아무것도 더해질 수 없습니다. 완성되었습니다.

어떤 것이 이뤄질 수 있으려면 시간이 필요합니다. 가끔 긴 시간이 필요합니다. 노력과 수고의 시간이고, 동원할 수 있는 모든 힘을 투입한 시간이며 또한 단념의 시간이기도 합니다. 수고에 대한 대가와 안도의 긴 숨은 행해진 행동과 성과 후에 옵니다. 이뤄진 것은 목표에 도달하여 우리로 하여금 머나먼 길의 수고를 잊게 합니다.

가끔 이 길들은 오랫동안 미로이기도 합니다. 본질적인 통찰을 찾는 인식의 길도 마찬가지입니다. 통찰이 찾아지거나 선물로 주어지면 우리로부터 어떤 것이 떨어집니다. 여기에서도 어떤 것이 이뤄졌습니다.

위대한 것

위대한 어떤 것은 언제나 이뤄집니다. 유일무이하게 언제나 있는 어떤 것은 이뤄집니다. 그러나 결코 자신의 힘으로 이뤄지지 않습니다. 우리를 사로잡는 창조적인 힘에 의하여 이뤄집니다. 이 힘은 우리에게 새로운 방향을 강요합니다. 새로운 방향은 결정적으로 앞으로 가게 하는 이제까지 없었던 것을 가리킵니다.

그렇다면 누구에 의하여 이뤄지고 완성됩니까? 하나의 힘에 의하여 완성됩니다. 그 힘은 자신의 작품에서 우리를 완성합니다. 이것이 행해지고 어떤 것이 드디어 극복되면, 우리는 그 힘에게 그리고 우리 자신에게 편하게 말합니다. "이제 이뤄졌습니다."

변하고 있는 진리

영과 같이 감

전체

영과 같이 감은 전체와 같이 감입니다. 영은 모든 것을 포함합니다. 즉 모든 것은 영에 의하여 있는 그대로의 것일 수 있습니다. 모든 것은 영에 의하여 영화靈化됩니다. 영이 우리를 덮친다 해도 우리가 영화시키지 않습니다. 우리는 영에 의하여 덮쳐진 것으로 인식합니다.

    영과 같이 가게 되면, 표면적으로 우리가 기댄 차이가 없어지고 극복됩니다. 아무것도 영을 거스르거나 구속하거나 방해하지 못합니다. 영은 원하는 대로 움직입니다.

    영은 우리가 악하게, 폭력적으로, 그리고 죄와 살인으로 경험하는 것에서도 흐릅니다. 그것들도 영에 의한 것입니다. 그렇지 않다면 그것들이 어디에서 오겠습니까? 우리가 영에서 어떤 것을 제외시킬 수 있습니까? 만약 제외시킬 수 있다면 무엇이 그로부터 의존되어 있지 않고 더 나아가 그에 대항하여 있을 수 있습니까?

움직임

그렇다면 우리에게 "영과 같이 감"은 무엇을 뜻합니까?

영으로 하여금 우리가 이제까지 영에게 반대되는 것으로 보아 거절했던 것을 우리와 접촉하게 하여, 우리와 공명에 오도록 하는 것입니다. 그리하여 우리가 영을 통하여 모든 대립들을 넘어 그것과 하나가 되는 것입니다. 영은 모든 것과 모두를 연결하는 것이기 때문입니다.

영 안에서 우리는 넓어집니다. 그 안에서 우리는 평온해집니다. 영 안에서 우리는 적절한 시간을 기다립니다. 영 안에서 우리는 영이 우리에게 허락하고, 이끌고, 안는 동안만 행동하여 시간에 맞게 작용합니다. 그러기에 우리는 영 안에서 제때에 중단하고 물러섭니다.

영과 같이 감은 우선 '영 안에서 인식함입니다.' 영은 우리가 인식할 때에 우리를 이끌어 자신에게 맞는 통찰을 우리에게 선물합니다. 이 통찰은 우리가 영과 같이 감을 가능하게 합니다. 영과 같이 감은 또한 영이 우리를 이끄는 대로 영과 같이 감입니다. 즉 영에 이끌린 우리는 영이 모든 것에 동의하는 것과 같이 모든 것에 동의합니다. 그리고 영이 모든 것을 사랑하는 것과 같이 우리도 모든 것을 사랑합니다.

사랑

이 사랑은 감성적이지 않습니다. 영 안에 있는 사랑입니다. 즉 우리 자신이 영에 의하여 이끌린 것과 같이 다른 것도 영에 의하여 원하여지고 이끌린 것으로 다른 것을 사랑합니다. 이 사랑에서 우리는 영화되고 영 안에서 행동하여 평화와 공명에 봉사합니다.

이때 우리가 영이 원하는 만큼만 가기에, 영은 이 행동 안에서 작용하여 우리를 통하여 흐르고, 우리를 통하여 거기에 효력을 발합니다. 그러나 영은 바람과 같이 자신이 원하는 대로 불고 있기에, 우리가 영과 같이 가려면 우리는 언제나 다르고 새로운 것에 우리를 맞춰야 합니다. 영 안에서는 모든 것이 움직이고 있으며 또한 흐르고 있습니다.

    영과 같이 감은 창조적인 움직임과 같이 감입니다. 창조적인 것은 인식에서나 행동에서 언제나 새롭습니다. 영과 같이 감은 가볍습니다. 우리는 바람 앞의 나뭇잎과 같이 영에 안겨 움직입니다.

조직적인 인식의 길

조직적인 알아챔

우리가 모든 면에서 우리의 가족, 우리 주위 그리고 전체로서의 모든 인간과 연결되어 있다는 것을 실행하려면, 우리에게 개인으로서 본질적인 인식이 이뤄지고, 그 인식이 선물로 주어진다는 상상과 이별해야 합니다. 우리가 알지는 못하지만 우리 부모와 조상이 우리를 통하여 그리고 우리와 함께 생각하고 지각하기에 우리는 생각하고 지각할 수 있습니다. 그들은 우리 안에서 우리와 함께 그들에게 유익하게 되고 그들을 위해 그 무엇을 완성시키는 어떤 것을 인식하고 이루려고 합니다.

그러기에 본질적인 인식은 양면으로 조직적입니다. 인식이 시작되는 동기와 힘에서 그리고 인식이 향하는 목표와 결과에 있어서 본질적인 인식은, 뒤로는 전에 있었던 모든 것으로서의 조상과 세계와 공명에 있을 때 그리고 앞으로는 우리 조상과 우리 조상을 포함하는 큰 조직이 희망하고 바라는 미래와의 공명이 있을 때에서야 이뤄집니다. 그러기에 이 인식의 길에서 우리는 과거뿐만 아니라 미래에 모든 것과 그리고 모두와 연결되어 하나로 있습니다.

조직적인 의도 없음

본질적인 인식은 우리 조직의 결속을 심화시킵니다. 그리고 이 결속과의 공명과 동의를 통해야 본질적인 인식은 가능합니다. 오직 이 동의를 통해야 우리는 우리에게 본질적인 인식과 인식에 따르는 행동을 준비하고 능력을 주는 의도 없음에 이릅니다. 이 의도 없음은 단지 개인적인 의도 없음이지만, 이 개인적인 의도 없음은 우리 자신을 개인으로 보게 하지 아니하여, 우리를 우리가 봉사하는 다른 의도를 위하여 열리게 하고 쓸 수 있게 합니다.

영적인 것

모든 것을 관통하고 있는 영적인 것은 오직 모든 것과 같이 연결돼 나타날 수 있습니다. 영적인 것은 과거가 지나 버리지 않는 움직임에서, 현재에서 미래를 향해 계속 발전하고 있는 것으로 나타날 수 있습니다. 현재는 미래로 데려가 미래에 함께 작용합니다.

단독자가 영적인 것 이하로 생각되어진 것으로부터 자신을 풀어내 홀로 영적인 것에 의하여 영화되려면, 가끔 영적인 것이 영혼과 육체 위에 있는 것으로 그리하여 단독자에게 단독자로서 도달될 수 있는 것으로 서술됩니다. 그러나 영적인 것은 모든 것 뒤에서 움직이고 있는 힘이기에 모든 존재하는 것을 서로 연결하는 것으로 생각될 수 있습니다. 그러기에 단독자는 공명에서야 모든 다른 영적인 것과 연결되어 있을 수 있습니다. 자신이 조직의 일부분이라는 것을 알아야 그는 인식할 수 있습니다. 모든 다른 존재하는 것과 관계에 있어야 그는 영적인 것에 맞게 행동할 수 있습니다.

영적인 것은 조직적입니다. 언제나 체계적으로 작용하기에 전체에 속한 모든 것과 구별되거나 분리될 수 없습니다. 마찬가지로 모든 존재하는 것은 오직 체계적으로 나타나기에 우리는 모든 존재하는 것을 오직 체계적으로 인식할 수밖에 없습니다. 우리를 일상적인 것으로부터 그리고 체계로부터 분리시키는 모든 것뿐만 아니라 우리의 일상적인 욕구와 우리의 다른 사람에의 의존성 그리고 그에 따르는 자신의 궁핍을 무시하는 모든 것은 우리 존재의 기본적인 전제 조건들을 부정합니다. 또한 그것은 본질적으로 영적이지도 않습니다. 오직 단독자로서 혹은 우리 체계에 의존하지 않는 그리하여 자유로운 자로서 우리는 존재하지도 않으며 상상될 수도 없습니다.

조상들

원래의 본질적 인식으로서 체계적 인식에 무엇이 방해가 됩니까? 우리를 우리 조상뿐만 아니라 현재에 영향을 미치는 다른 사람들과 구분하여 돋보이게 하려는 시도입니다. 예를 들어 우리는 그들을 얕보아 우리가 그들보다 더 좋고, 현명하고, 진보하다고 여깁니다. 혹은 그들과 그들의 행동을 비판하며, 그들과 관련 없다고 하여 독립하려고 합니다. 혹은 거절하기 위하여 그들을 기억합니다. 많은 독일인들은 히틀러Hitler와 그 추종자들을 이렇게 기억합니다.

현실과 온전한 공명에 있지 않는 사람이 어떻게 현실을 인식할 수 있습니까? 자신을 저 깊은 내면에서 결정하고 있는 어떤 것을 부정하여 추방하려고 시도하는 사람이 어떻게 본질적인 것을 실현시키는 힘을 가집니까? 체계적으로 보아 모든 과거는 우리에게 속합니다. 모든 과거는 우리를 통해 계속 작용하려고 합니다. 그것도 체계적으로.

개인에게 이것은 무엇을 뜻합니까? 조직이 온전하지 않으면 체제는 비질서 상태에 있습니다. 즉 체제에 속하는 몇 사람들이 거절되고 제외되어져, 그들이 존경되지 않고 서로 공명과 화해의 상태에 있지 아니한 상태입니다. 질서가 회복되면, 즉 체제에 속하는 사람들이 존경받고 서로 공명과 화해가 이뤄지면 조직은 평온해집니다. 조직적 태도를 가져, 자신을 통해 작용하도록 조직에게 허락하는 사람은, 이 조직에 서로 불화하고 있는 것을 서로 이끄는 운동에 같이 휩쓸립니다. 그리고 서로 불화하고 있는 것이 우선 자신 안에서 그리고 자신을 통해 주위와 화해하도록 합니다.

화해

조직적 인식은 그러기에 무엇이 이 화해를 가능하게 하는가 또는 방해하는가를 아는 인식입니다. 조직적 행동이란 이 인식에 맞는 행동이며 그러기에 이제까지 불화한 것을 공명하도록 합니다.

어떻게 이것이 가능합니까? 첫째 우리가 속하는 조직에 대한 내면으로부터 순응입니다. 정신 차려 조직에 속하는 모두를 그가 어떠했던 또는 어떠하든 동의하면서 이 조직에 침잠합니다. 또한 더 나아가 그의 운명, 그의 죄 그리고 그의 고통 등이 어떠했던 또는 어떠하든 동의하면서 이 조직에 들어갑니다. 판단하지 않고, 비난하지 않고, 동정하지 않고, 어떤 사람을 더 많이 또는 더 적게 좋아

하지 않고, 누구를 위해 어떤 것을 끝마쳐 주려고 하거나 또는 바로 잡아 주려는 소원이나 희망 없이 조직의 일원이 됩니다. 이리하여 우리는 이 조직에서 다른 모든 사람과 같게 되며, 온전히 그들 중의 하나가 돼, 단번에 이 조직에 개인으로서 그리고 전체로서 모두가 원하는 것에 의해 같게 떠 안겨지고 잡힙니다. 그리하여 우리는 의도 없이 모든 것이 이끌려고 하고 이끌어야 하는 방향으로 이 조직과 함께 움직입니다. 이 움직임에서 우리는 이 조직이 무엇을 원하는가 또는 무엇을 필요로 하는가뿐만 아니라 어디가 우리 자리이고 무엇이 우리 일인지 인식합니다. 그리하여 우리는 우리와 이 조직을 위해 본질적인 인식, 본질적인 조직적 인식을 얻습니다.

공명

우리를 이 조직에 순응시키고 이 조직 모두에게 마음의 자리를 주는 것은 우리가 아니고, 이 조직이며 조직에 속하는 모두라는 것도 본질적인 인식에 속합니다. 이 조직과 모두는 우리를 받아들이고 우리를 환영합니다. 무엇보다 우리가 전에 제외하였고 잊었던 그리고 비난했어야 했던 사람들이 받아들여지고 환영받습니다. 우리가 동정했던 사람들이나, 그들의 운명이 우리를 두렵게 했던 사람들이나, 혹은 그들의 일을 이제 우리의 일로 삼아 그들에게 권리와 명예를 회복시켜야 한다고 우리가 생각해야 한다는 사람들이 받아들여지고 환영받습니다. 단번에 우리는 그들 앞에서 말이 없어지고 작아져 가장 깊이에서 그들 앞에 의도가 없어집니다. 조직적으로 의도가 없어집니다. 그러하면 그들은 우리 안에 와서 우리를 통하여 정말로 그들을 보여, 모든 면에서 우리의 통찰을 뛰어넘는 그들의 통찰에 우리를 참여시킵니다. 그들은 또한 조정하며 안고 가는 힘을 따르는 행동에 함께 있습니다.

이제 우리는 우리에게 오는 여러 가지의 도덕적인 요구들 앞에서 이 태도를 견지합니다. 이 도덕적 요구들은 우리로 하여금, 마치 우리의 심장이 한쪽을 위해 뛰어야 하는 양, 한쪽에 반대하고 다른 쪽을 편들게 하도록 유혹하거나 강요하려고 합니다.

이 조직적인 인식의 길에 벌써 서 있는 사람의 심장은 있는 그대로의 세계와 공명으로 뜁니다. 이 공명이 사랑입니다. 원래의 사랑입니다.

사랑의 다른 질서

영적인 장들

우선 영적인 장들에 관하여 설명하고 싶습니다. 원래 장은 농작물이 자라고 수확되는 밭입니다. 전이된 의미로는 어떤 특별한 것이 발생하는 경계를 가지는 범위입니다. 이러한 의미에서 우리는 작업 범위 또는 전자장과 같은 에너지 장 등을 알고 있습니다. 이 장들의 공통인 것은 그들이 경계를 가지며 이 경계 안에서는 어떤 특별한 것이 발생한다는 것입니다.

 영적인 장들도 있습니까? 여기에서 영적이란 이 장들에서 특별한 것이 측정될 수 없다는 것입니다. 그럼에도 어떤 것이 제한되지만 발생합니다. 그러기에 여기에서 영적이란 광범위한 의미에서 모든 움직이는 것 뒤에서 이 모든 것을 조정하고 정돈하는 것으로 우리가 추측하고 예감하는 창조적인 근원의 힘을 말하는 게 아닙니다. 여기에서 제가 말하는 영적인 장들은 경험될 수 있습니다.

넓혀진 영

루퍼트 셀드레이크가 말하는 형태장은 이러한 종류의 영적인 장들입니다. 그는 여기에서 이 장들을 넓혀진 영이라고도 합니다. 이 영은 인간에게만 국한되는 게 아닙니다. 이 영적인 장 안에서는 일정한 지각과 소통 그리고 관계들이 가능합니다.

언어의 장

분명히 언어도 그러한 영적인 장입니다. 많은 언어에 능통한 사람은 언어의 장들에 감정이입이 되는 능력이 있어 이 장에 의하여 언어를 이해하고 말하게 됩니다. 최면 상태의 사람들이 갑자기 자신도 모르는 언어로 말하는 것은 그들이 이 장에 들어섰고 그 장에 의하여 조종되기 때문입니다. 그러기에 바울의 고린도전서뿐만 아니라 다른 곳에서 전해지는 다른 사람의 혀로 말하여지는 현상이 설명됩니다.

아마도 소위 전생의 여행도 이러한 현상으로 이해될 수 있습니다. 재림의 상상도 이러한 경험들과 관계가 있을 겁니다. 그러나 이는 사람이 직접 접촉하는 자신의 장이라기보다 자신의 장으로 경험되는 다른 장입니다.

타인의 장들

가끔 다른 장이 일정한 사람들을 끌어 그들이 저항할 수 없도록 그들을 지배합니다. 우리는 맨손과 칼, 가위로 환자들을 고통 없이 성공적으로 수술하는 많은 치유자를 볼 수 있습니다. 그들은 이때 다른 장에 있습니다. 즉 자신이 아닙니다. 그런 후 그들은 그들을 통해 무엇이 일어났는지 기억하지 못하고 깨어납니다. 무당들의 영혼 여행에서도 이와 비슷한 일이 발생합니다.

창조적인 장

위대한 문학이나 예술에서도 예술가들이나 시인들은 다른 장에 들어가거나 그 장이 그들을 사로잡습니다. 그들은 장에서 영감을 얻고 창조적인 과정 동안 밖으로부터 오는 것으로 그들이 경험하는 힘들에 의하여 이끌리고 안겨 갑니다. 그런 후에 다른 장에서 현재로 오면서 깨어납니다. 비슷한 일이 결정적인, 오래 미치는 인식의 경우에도 생깁니다.

그러나 여기에선 위에 서술한 장들에 반해 새로운 어떤 것, 이제까지 없던 것을 가능하게 하고 창조하는 창조적인 요소가 작용합니다. 이 장은 적어도 우리가 지각하는 경계가 없기에 특별한 의미의 영적인 장입니다. 이 창조적인 영은 확실히 다른 장들의 경계를 넘어서 작용하며 그들을 넓힙니다.

가끔 우리는 어떤 책을 읽거나 점괘를 살필 때 그런 특별한 정도의 영적인 장에 들어섭니다. 주역은 그러한 책입니다. 정신 차려 물으면 우리의 현재 상태와 어떤 행동이 알맞은가에 대한 정보를 얻습니다. 다만 창조적인 방법으로 각자에게 현재와 미래의 경계가 무너져 우리는 다른 관계에서 어떤 것을 경험하는 광범위한 장과 접촉합니다. 예를 들면 어떤 사람의 사망일과 시간을 예언하기도 하며 적어도 어렴풋이 자신의 죽음도 예감합니다.

릴케Rilke는 이 광범위한 장을, 분명 자신이 경험했기에 다음과 같이 기술합니다.

"나에겐 점점 우리의 일상 의식이 피라미드의 정상에 있는 것 같이 나타납니다. 우리 안에(또는 어떤 의미에선 우리 아래에) 있는 피라미드의 아래 부분은 아주 넓어져 우리가 아래로 더 침잠하면 할수록, 우리는 시간뿐만 아니라 공간에게도 종속되지 않은 세상사에, 아주 넓은 의미에서 세계적인 존재에 일반적으로 관련되어 나타납니다. 나는 아주 어린 청소년 시절부터 아래와 같은 추측을 느꼈습니다(되도록 그렇게 살려고 노력했습니다). 의식 피라미드의 깊은 평균에서는 단순한 존재가 우리에게 사건이 될 수도 있다는 추측입니다. 단순한 존재는 보통 자의식에서는 단지 시간의 진행으로만 경험되게 허락되지만, 모든 단순한 존재는 있었던 존재와 동시에 있는 존재를 뗄 수 없게 하는 존재라는 것입니다."

질병의 장들

일정한 질병들도 자신들의 장들을 가집니다. 예를 들면 동시에 그들은 도처에 나타납니다. 한 장소에서 약으로 그 질병이 치료될 수 있으면 가끔 다른 곳에서도 약 없이 그 질병이 사라집니다. 우리는 결핵에서 관찰했습니다. 히스테리도 어떤 장에서 나타났었는데 지금은 사실상 사라졌습니다.

질병들의 장에 질병들을 치료하는 약품도 속합니다. 이 장에 들어갈 수 있는 사람은 치료제를 찾을 수 있어 이 장들에 속하는 질병들에 영향을 미쳐 병을 완화하거나 치료할 수 있습니다. 어떤 꽃잎으로나 일정한 주문을 반복함으로써 질병을 치료하는 예들을 우리는 봅니다. 또한 어떤 신비주의자들은 특정한 이름이나 숫자를 반복함으로 질병을 치료하기도 합니다. 동종요법 同種療法, homeopathy에서는 질병과 약품이 느끼는 일체감을 테스트함으로써 치료를 찾습니다.

가족세우기에서의 장들

이제까지는 아마도 저를 이해할 수 있었을 것입니다. 이제 저는 많은 것이 어둠에 묻혀 있는 분야를 시도합니다. 그러기에 여기에서 제가 말한 것은 조건을 가지고 보아야 합니다. 가족세우기에서, 특히 최근에 나타난 형태의 가족세우기에서 계속되는 경험과 예측할 수 없는 가족세우기 영향에 관한 것입니다.

겉으로 나타난 것은 쉽게 서술됩니다. 가족 구성원의 대역을 선택하여, 예를 들면 부모, 형제자매 그리고 자신 등을 한 공간에 서로 관계에 맞게 세웁니다. 그러면 본인들을 전혀 알지 못하는 대역들은 갑자기 다른 힘에 의해 잡혀져, 이끌려 본인과 같이 느끼고 본인들의 상황에 맞게 움직입니다. 예를 들면 등을 찌르는 듯한 아픔을 갖는 대역이 있습니다. 후에 알아보면 그 본인이 등에 총상을 입었다는 것입니다. 갑자기 듣지 못하는 대역은 귀가 먼 사람을 대신했습니다. 제게 대만에서 일어난 일이 전해진 바에 의하면 대만 원주민의 대역을 맡은 사람이 갑자기 원주민의 언어로 말했다는 것입니다.

혼자 세워진 의뢰인 자신도 자신에게 낯설게 느끼고 움직입니다. 가끔 자신이 잊었거나 억압한 것이 나타나기도 합니다. 예를 들면 어떤 죄입니다. 자주 그는 다른 사람에 의하여 자신이 잡혀 있다는 것과 그의 느낌과 욕망들을 넘겨받았다는 것을 느낍니다. 그러면 그 사람이 자신을 통해 삽니다. 우리는 많은 자살하고픈 사람들에서 이런 현상을 봅니다.

즉 대역뿐만 아니라 의뢰인 자신도 가족세우기에서 다른 장에 들어와 이 장에 맞게 느끼고 행동합니다. 이 장에 들어와 있는 한 그들은 이 장에 넘겨져 있습니다. 대역들은 쉽게 이 장에서 나올 수 있지만 의뢰인들은 어렵게 나옵니다. 의뢰인은 자신의 장을 의식하게 되었습니다. 그러기에 빠져나올 수 없습니다. 그럼에도 그에게 이 장이 의식되었기에 그는 이미 행동의 자유를 얻었습니다.

대역과 의뢰인 자신은 어떤 장에서 움직입니다. 원래의 장에 맞지 않게 새롭고 다르게 그들이 움직이게 되면, 즉 그들이 그들의 움직임으로 이 장의 어떤 것에 질서를 주고 풀면 그 변화는 거기에 참석하지 않은 가족과 형태장에, 그들이 가족세우기를 전혀 몰라도 효력을 미칩니다. 가족세우기는 셀 수 없이 많은 예를 전합니다.

좁은 장과 넓은 장

여러 장들 사이엔 서열이 있습니다. 즉 좁은 장과 넓은 장입니다. 많은 장들은 서로 연결하려고 합니다. 그리하여 그들은 넓어져 좁은 장들을 넘어섭니다. 그러나 선과 악의 구별이 끝나는 곳에 결정적이고 넓은 상위의 분야가 시작합니다. 그것은 우리가 의식적으로 원하거나 옳고 정말 필요하다고 해서 되는 게 아닙니다. 대역들이 정신 차려 있으면 그들은 어떤 저항할 수 없는 움직임의 영향을 받아 이제까지 분리되어 있는 것을 연결하여 화해시키기 시작합니다. 예를 들면 살인자와 그의 피해자들입니다.

저는 런던의 한 감옥에서 이러한 것을 아주 인상 깊게 경험했습니다. 그때 제가 거기에 있는 살인자와 그들의 피해자를 세우자, 화해의 과정은 전혀 외부의 개입 없이 저절로 진행되었습니다. 살인자들의 아픔과 절망, 그리고 피해자들의 분노로 시작하여 서로 눈을 바라봐 결국 포옹하고 놓기까지.

분명 여기에선 감옥과 같이 좁은 우리의 장을 폐지하고, 우리를 그 족쇄에서 푸는 영적이고 창조적인 장이 작용합니다.

죽은 자들

더 고려해야 할 것이 있습니다. 이 장들에선 죽은 자들이 아직 살아 있는 것같이 작용합니다. 그들은 마치 어떤 것이 아직 끝나지 않았기에 그들이 평안을 찾기 전에 어떤 것이 일어나야 한다며 대역들을 통하여 느끼고 움직입니다. 이 장들에선 지난 것이 현존합니다. 그러기에 이 장들에서 종결되지 않고 풀리지 않은 지난 것들이 종결될 수 있습니다. 그리하여 현재의 구성원들이 과거의 것에 묶이지 않고 자신을 잃지 않을 수 있습니다.

우리는 이것을 외상과 외상을 무엇이 끝내게 하여 풀어 주는 것과 비교할 수 있습니다. 피터 레빈$^{Peter Levine}$은 외상을 종결되지 않은 움직임으로 서술합니다. 어떤 사람이 놀라 경직되어 있는 경우입니다. 중단된 움직임이 다시 시작되어 완전히 종결되어야 외상은 풀어집니다. 여기에서의 조건은 이 움직임이 당사자가 감당할 수 있게 한 걸음씩 되어야 한다는 것입니다.

가끔 죽은 자들도 외상에 잡혀 있습니다. 가족세우기에서 나타납니다. 무엇보다 갑자기 어이 없게 죽은 자들입니다. 사고나 전쟁 중에 처형이나 자살의 경우입니다. 어떤 것이 그들에겐 아직 완성되지 아니했습니다. 이별이나 보상 등입니다.

가족세우기 중에 부족된 것을 죽은 자들과 산 자들을 위하여 이제 끝마치게 할 수 있습니다. 죽음과 이별이 이렇게 완성됩니다. 죽은 자의 대역이 눈을 감음으로써 완성을 보여 줍니다.

가족을 넘어 전체 그룹이 외상에 사로잡혀 있을 수 있습니다. 외상은 외상을 끝내는 움직임을 원하여 외상이 지나기를 원합니다. 민족 전체가 외상의 장에서 움직이고 있기에 후예들은 평안을 찾지 못하여 그들에게서 외상이 다시 살아납니다. 전쟁은 그러합니다.

반유대주의

위와 마찬가지로 기독교적인 유럽에서 아직도 반유대주의가 살아 있습니다. 반유대주의는 화해가 아직도 이뤄지지 않은 외상이 작용하고 있는 장에서 영양분을 받습니다. 정확히 말하면 두 개의 장입니다. 첫째로 희생자와 그들의 후손의 장입니다. 유대 민족이 가해자의 장과 절연되어 있기에, 이 장에선 지난 수백 년 동안 유대 민족에 가해진 고통이 작용하고 있습니다. 다음엔 가해자와 그들의 후손의 장입니다. 이 장에선 유대 민족에 가해진 잘못이 부정되거나 경시되거나 정당화됩니다. 그러기에 그들은 그들의 잘못에 상응한 아픔과 수치를 갖고 희생자들에게 다가갈 수 없습니다.

여기에서 집단 외상을 후손들이 홀로 풀 수 없다는 게 보여집니다. 그들은 오직 외상을 계속합니다. 홀로코스트Holocaust는 하나의 예입니다. 먼저 원래의 가해자와 희생자가 서로 만나야 합니다. 작은 영역에선 가족세우기의 대역들을 통하여 만날 수 있습니다. 더 큰 영역에서 가능할지, 가능하면 어떻게 가능할지 다음에 시도해 보겠습니다.

우선 나는 외상의 장들에 대해 더 자세히 말하고 싶습니다. 큰 외상의 장들 영향 아래 가끔 민족 전체가 살인적인 투쟁의 광란에 휩쓸립니다. 그들은 그룹으로서 옛 외상을 종결시켜 풀지 못하고 단지 옛 외상을 반복합니다.

홀로코스트는 하나의 예입니다. 박해자뿐만 아니라 피해자들도 오래전부터 작용해 온 유대교인과 기독교인의 장에 맞게 행동했습니다. 한쪽은 잔인하게, 다른 쪽은 무력하게 감수하며. 그러기에 개인들에게 살인의 책임을 지운다든지 또는 충분히 저항하지 아니했다고 유대인 희생자를 비난하는 것은 별 도움이 안 됩니다. 후손들의 양심에 호소하여, 일어난 참혹한 일을 경고하며 기억하게 하는 것은 더 도움이 안 됩니다.

많은 시도가 별로 도움이 되지 않는 것을, 아직도 겉으로 드러내지는 못하고 숨겨져 작용하는 반유대주의가 보여 줍니다. 아직도 많은 유대인들이 자신들의 장에 갇혀 있다는 것을 우리는 그들이 아직도 희생자로서 느끼고 행동하는 데서 봅니다. 그들도 역시 개인으로서 장으로부터 스스로를 풀 수 없습니다.

장들 내부에서의 화해

개인들과 그룹들이 외상의 장들에서 자신들을 풀어 집단의 옛 외상들을 종결시킬 수 있는 방법이 있겠습니까?

가족세우기에서 시도했습니다. 문화혁명 때의 홍위병이나 남경학살에 참가한 일본군을 대역한 가해자 그룹들이 희생자를 보고도

냉담히 있는 것을 볼 수 있었습니다. 그들은 아직도 자신들의 장에 머물러 있었습니다. 화해는 오직 희생자 내부에서만 가능했습니다.

일본군에 의해 남경학살 때 총살당한 의뢰인의 할아버지 대역은 바닥에 누워 울면서 두 손을 의뢰인에게 내밀었습니다. 의뢰인은 할아버지께 무릎을 꿇고 말했습니다: "할아버지, 저는 당신을 봅니다. 당신을 사랑합니다." 그리고 그들은 진정으로 껴안았습니다. 조금 후 할아버지는 포옹을 풀고 두 눈을 감았습니다. 할아버지에게 중요한 움직임이 늦게나마 끝마쳐져 자신과 손자를 위해 종결되었습니다.

개인들은 가해자의 장에서나 희생자의 장에서건 마찬가지로, 즉 가해자와 희생자들의 후손들은 각자 내부의 장에서 서로 사랑으로 각자를 봄으로 받아들이고 받아들이게 함으로써 조상들과 화해의 연결을 이룰 수 있습니다. 그러면 우선 조상들로부터 후손들에게 그리고 후손들로부터 조상들에게 움직임이 생깁니다.

후손들은 존경과 겸손으로 조상들의 움직임을 기다립니다. 이렇게 그들은 조상들이 자신들 앞과 위에 계시다는 질서를 지킵니다. 이는 후손들이 선악뿐만 아니라 가해자와 희생자의 구별을 뒤로하고 조상들의 운명을 있던 그대로 존중하는 것을 전제합니다. 그들의 운명들이 희생자의 운명이건 가해자의 운명이건 또는 가해자인 동시에 피해자의 운명이건 관계없이 존중하는 것을 전제합니다. 다시 말하면 그들은 이 구별들을 넘어, 운명을 조종하는 본래의 힘들을 바라봅니다. 그 힘들은 각 개인이 누구였든 그들의 운명이 어떠했든 구별을 하지 않습니다.

교체

이에 반해 많은 후손들은 상대의 장으로 넘어가는 시도를 합니다. 희생자의 후손들은 자신들의 조상들을 보고 그들과 사랑과 존경으로 연결을 찾는 대신, 가해자들을 보고 그들께 악의를 품습니다. 그리하여 그들은 자신의 조상들보다 가해자들과 동일시합니다. 그들은 가해자들과 같이 공격적이 되며 그들의 에너지를 받아들입니다. 그리하여 그들은 이중으로 절연됩니다. 희생자의 장뿐만 아니라 가해자의 장으로부터 절연됩니다.

우리는 똑같은 것을 가해자들의 후손들에게서도 봅니다. 그들은 진정으로 희생자들을 보고 존경과 사랑으로 그들을 존중하는 대신, 희생자들과 동일시합니다. 그들은 희생자들의 후손들과 마찬가지로, 자신들의 조상들인 가해자들을 비난합니다. 그러면서 자신들의 장을 벗어날 수 있을 거라고 생각합니다. 그들이 가해자인 조상들과의 연결을 부정함으로 그들은 그들의 공격성에서 가해자들과 같이 됩니다. 그들도 또한 이중으로 절연됩니다. 자신들의 장인 가해자들의 장과 희생자들의 장으로부터 절연됩니다. 그들은 정말로 희생자들을 자신들의 곁에 두려고 하지 않습니다.

동일시

가해자들과 희생자들의 후손들에게 다른 움직임도 있습니다. 희생자들의 많은 후손들은 자신들 스스로 고통 받고 죽음으로 조상들과 같이 되려고 합니다. 그들은 희생자인 조상들을 사랑과 존경으로 바라보지도, 그분들의 자신들을 향한 사랑을 알아보지도 그리고 그 사랑에 자신들을 열지도 않으면서 그렇게 합니다. 내가 위에 서술한 대로 희생자들의 후손들에게서 자신들의 죽은 조상들에게의 움직임이 완성되면, 그들은 외상적인 운명적 동일시에서 풀어져 외상을 풀고 외상을 넘어서는 움직임을 시작할 수 있습니다. 우리와 동일시된 사람들을 우리가 상대로서 알아보지도 존경하지 않은 데서 동일시가 발생하기 때문입니다. 동일시되었기에 그들은 자신들의 조상들뿐만 아니라 살인자들도 구별 못합니다. 그들도 희생자로부터뿐만 아니라 가해자로부터 이중으로 절연됩니다.

비슷한 것을 우리는 가해자들의 후손들에게서도 많이 봅니다. 그들은 조상들과 동일시되어, 그들을 정말로 보지도 사랑하지도 않으면서 극우파가 됩니다. 그들은 조상들의 외상을 받아들여 그들과 같이 무표정하게 경직됩니다. 그리하여 그들은 가해자로부터뿐만 아니라 희생자로부터 이중으로 절연됩니다.

공동 운명

가해자들로부터 희생자들에게 그리고 희생자들로부터 가해자들에게 움직임이 완성되려면, 먼저 각각의 장 내부에서 화해가 우선해야 합니다. 희생자들의 장 내부에서 희생자들로부터 후손들의 이탈 움직임이 희생자들뿐만 아니라 가해자까지도 분리시킵니다. 희생자들의 장 내부에서 화해가 완성된 다음에, 희생자들과 그 후손들은 다음 단계 즉 살인자들에게 가려고 하며 갈 수 있습니다.

같은 것이 가해자들과 그 후손들의 장에도 적용됩니다. 가해자들의 많은 후손들은, 조상들을 비난하면서 가해자들로부터 자신들을 분리하려고 합니다. 그들은 희생자들의 편에 서서, 마치 가해자들의 장보다 희생자들의 장에 속한 것같이 행동합니다. 그럼에도 그들은 희생자들의 장에선 화해에 기여할 수 없습니다. 무엇보다 그들은 그들의 비난으로 희생자들을 제대로 볼 수 없기 때문입니다. 그들은 희생자들을 정말로 바라보지 못합니다. 그들은 두려움을 갖습니다. 그들 곁에 다가가서 그들과 함께 그들에 슬퍼하길 겁내고 꺼려합니다. 그들 자신이 떨쳐 버리려고 했던 가해자가 그들에게 속하고 그들도 가해자들에게 속한다는 것을 인정해야만, 그들은 희생자들과 화해할 능력을 가집니다.

어떻게 가능합니까? 가해자들의 후손들이 가해자를 자신들과 같은 인간으로 보고, 그리고 자신들과 같은 인간으로 사랑하면 됩니다. 그들이 가해자들과 그들의 운명 앞에서 그들을 얕보지 않고 작아지면 됩니다. 그러면 가해자들은 자신들의 경직에서 풀어져 자신들이 다른 사람에게 행한 것을 정말로 볼 수 있습니다. 그들은 깜짝 놀라며 자신들의 죄를 알아채고 희생자들과 일어난 일에 슬퍼할 수 있습니다. 후손들도 같은 것을 가해자인 조상들과 같이 할 수 있습니다. 그런 다음 두 그룹은 희생자들에게 갈 수 있으며 가려고 합니다.

장들의 화해

각 희생자뿐만 아니라 각 가해자에겐 완성되지 않은 움직임의 외상이 계속 존재합니다. 무엇보다 우선 살인자로부터 희생자에게로의 움직임뿐만 아니라 희생자로부터 가해자에게로의 움직임입니다. 이 움직임이 완성되지 않는 한, 두 그룹은 외상의 사건에 잡혀 있습니다. 이 움직임이 완성되어야 과거는 지날 수 있습니다. 후손들에게도 마찬가지입니다.

이 움직임이 어떻게 완성됩니까? 후손들에게서 시작하여 후손들로부터 본래의 가해자들과 희생자들에게 영향이 되미쳐야 합니다. 후손들이 자신들의 장의 협소함을 떠나 더 넓고 높은 장으로 가면 됩니다. 이 장에선 선과 악의 구별과 함께 가해자와 희생자, 친구와 적의 구별이 끝납니다. 이 장에선 모두가 단지 인간이며 저 깊이에서 서로 같습니다.

단계들

가해자들과 희생자들 사이의 움직임을 가능하게 하는 단계는 무엇입니까? 우선 나는 각자의 가족에서 시작합니다. 그럼에도 유대인과 독일인 사이와 같이 전체 민족에 관할 수 있고 천주교회와 천주교회에 의해 수백 년 동안 박해받은 자들 사이와 같이 그룹에 관할 수도 있습니다. 십자군 전쟁이 예가 됩니다.

첫째, 희생자들의 후손들은 그들이 본래의 희생자들을 보고 서로 가까이 다가가 발생한 일에 같이 슬퍼할 때까지 본래의 희생자들을 바라봅니다. 이 슬픔은 그들을 연결합니다. 슬픔이 희생자들을 가족에게 데려와 후손들을 희생자들과 화해하게 합니다. 후손들이 희생자들을 바라보기보다 가해자들을 바라보고, 비난하고, 증오하며, 비판하고, 혐오하면 후손들은 희생자들을 볼 필요가 없습니다. 그들은 희생자들의 장이 자신들이 벗어날 수 없는 전적으로 자신들의 장이라는 것을 인정할 필요가 없습니다. 그리하여 그들은 희생자들과 같이 경직에 머뭅니다. 공동으로 슬퍼함이 경직을 풀어 다음 단계인 가해자들에게 갈 수 있게 합니다.

외상적인 경직을 풀 수 있는 두 번째 단계는 본래의 희생자들과 사랑으로 연결된 희생자들의 후손들이 마치 본래의 희생자들이 하는 것같이 본래의 가해자들을 봅니다. 그리고 그들의 눈을 보고 말합니다. "당신과 나, 우리는 인간입니다." 그리고 그들 모두에게 말합니다: "나는 당신을 사랑합니다." 그리하여 그들은 희생자들의 장을 떠나 가해자들의 장과 접촉합니다. 이 사랑으로 가해자는 온화하게 됩니다. 그의 경직도 풀립니다. 이제 가해자도 자신의 장을 떠나 희생자의 장과 접촉합니다. 그도 이제 희생자를 보고 말할 수 있습니다. "당신과 나, 우리는 둘 다 인간입니다. 이제 나는 당신을 봅니다. 그리고 내가 당신께 무엇을 했나 봅니다." 그와 함께 가해자는 발생한 일에 같이 슬퍼할 수 있습니다. 공동으로 슬퍼함은 그들을, 그들이 서로 "나는 당신을 사랑합니다." 하면서 만나도록 이끕니다.

비슷한 일이 가해자들의 후손들에게도 일어나야 합니다. 후손들 자신이 가해자들의 장에 속한다고 인정해야, 그들은 거만하지 않고 가해자들을 볼 수 있습니다. 그들은 가해자들을 그들과 같은 인간으로서 바라볼 수 있습니다. 그들은 그들의 죄뿐만 아니라 그들이 행한 것을 변명하거나 정당화하지 않고 바라볼 수 있습니다. 그들은 조상들을 그들의 죄와 함께 보고 말합니다. "나는 당신의 죄와 함께 당신을 존경합니다. 그리고 당신의 죄와 함께 당신을 사랑합니다." 그러면 가해자는 온화하게 되어 자신의 후손들에게 다가갈 수 있습니다. 그는 후손들을 자신에게 끌어 그들과 사랑으로 포옹할 수 있습니다.

그런 후에 그들은 희생자들을 아픔과 슬픔으로 같이 볼 수 있습니다. 희생자들이 그들을 바라보고, 그들에게 다가와, 그들과 함께 지난 일을 공동으로 슬퍼할 때까지 가해자와 가해자의 후손들은 기다립니다. 이 슬픔이 양쪽의 경직을 풀어 그들은 서로 사랑으로 바라봅니다. 그래야 과거는 지나갈 수 있습니다.

신적인 것

가해자들과 희생자들을 위한 다음 단계가 있습니다. 그들은 상대 그룹 너머를 봅니다. 희생자들은 가해자 너머를, 가해자들은 희생자들 너머를 봅니다. 그들은 선과 악을 넘어서 잘잘못에 상관없이 모든 운명을 결정하는 어떤 힘을 멀리 넓게 바라봅니다. 가해자들과 희생자들을 사로잡았던 영적인 장들은 이 어떤 힘에 종속되어 있습니다. 그들은 가까운 것을 넘어 먼 것을, 선과 악뿐만 아니라 가해자와 희생자를 넘어 양자를 원하고 연결하는 힘을 바라봅니다.

그들은 모든 장들이 모아져 있고 녹아 있는 이 힘 앞에 깊이 고개를 숙입니다. 여기에선 모든 구별이 끝납니다. 외상들의 경직은 풀어집니다. 외상들이 마침내 치료돼 가해자와 희생자를 위해 새로운 시작이 가능한 곳으로 그들은 같이 움직입니다.

숨겨진 신

여기에서 반문할 수 있겠습니다. 그럼 자유 의지와 개인의 책임은 어디에 있습니까? 이런 생각을 갖고 이의를 제기하는 사람은 아주 좁은 장 안에서만 움직입니다.

우리는 다른 장 안에서도 이 질문을 할 수 있습니다. 여기에서 이 의지는 마지막 포기, 마지막 자유 그리고 마지막 헌신입니다. 나는 이 의지를 아래 이야기에서 표현합니다.

밤에 한 남자는 꿈을 꾸었습니다. 꿈에서 신의 소리는 말합니다. "일어나, 너의 하나밖에 없는 사랑하는 아들을 내가 지시하는 산으로 데려가, 나에게 산 재물로 바쳐라!"

아침에 일어난 그는 자신의 하나밖에 없는 사랑하는 아들을 바라보았습니다. 아들의 어머니인 자신의 부인을 바라보았습니다. 그리고 자신의 신을 바라보았습니다.

그는 아들을 산으로 데려가 제단을 쌓고, 아들의 손을 묶고, 칼을 들어 아들을 죽이려고 했습니다.

그때 그는 다른 소리를 들었습니다. 아들 대신에 양을 죽였습니다.

아들은 아버지를 어떻게 바라봅니까?
아버지는 아들을 어떻게?
부인은 남편을 어떻게?
남편은 부인을 어떻게?
그들은 신을 어떻게?

그리고 신이 있다면, 신은 그들을 어떻게 바라봅니까?

 밤에 다른 남자도 꿈을 꾸었습니다. 꿈에 신의 소리는 말합니다. "일어나, 너의 하나밖에 없는 사랑하는 아들을 내가 지시하는 산으로 데려가, 나에게 산 재물로 바쳐라!"
 아침에 일어난 그는 자신의 하나밖에 없는 사랑하는 아들을 바라보았습니다. 아들의 어머니인 자신의 부인을 바라보았습니다. 그리고 자신의 신을 바라보았습니다.
 신의 얼굴을 맞대고 그는 대답합니다. "나는 하지 않습니다!"

 아들은 아버지를 어떻게 바라봅니까?
 아버지는 아들을 어떻게?
 부인은 남편을 어떻게?
 남편은 부인을 어떻게?
 그들은 신을 어떻게?
 그리고 신이 있다면, 신은 그들을 어떻게 바라봅니까?

죽은 자들

존재와 비존재

죽은 자들은 거기에 있습니다. 거기에 있지 않다면 어디에 있겠습니까? 있었던 것이 사라지거나 없어질 수 있습니까? 거기에 다르게 있지 않고 있었던 것이 없어지거나 사라지겠습니까? 거기에 있는 것에게 가지 않고 있었던 것이 어디로 가겠습니까?

우린 다르게 질문할 수도 있습니다. 전에 있었던 것을 통하지 않고 어떤 것이 생겨 존재할 수 있습니까? 창조적인 것은 이미 있는 것을 전제하지 않습니까?

이것도 우리에게 주어진 생각 범주 내의 생각입니다. 우리는 무無도 있지 않은 어떤 것으로 상상할 수 있기 때문입니다. 존재 너머의 어떤 것으로 즉 다시 존재와 연관시켜 상상합니다.

마르틴 하이데거 Martin Heidegger는 우리가 유한한 존재로서 경험하는 존재 외에 존재하는 것의 존재를 상정함으로 이 어려움을 벗어나려고 시도했습니다. 즉 모든 존재하는 것에 공통적인 어떤 것으로서 기초가 되는 존재를 상정했습니다. 존재하는 것에서 빛으로 나타나지만 동시에 숨겨진 것으로 상정했습니다.

우리는 계속 질문할 수 있습니다. 존재하는 어떤 것은 존재하는 것의 존재로부터 물러날 수 있습니까? 혹은 존재하는 것의 존재는 존재하는 것 하나를 떠나보낼 수 있습니까? 다르게 존재하는 것으로 말고 어디로 존재하는 것을 떠나보내겠습니까?

생각의 관점에서 볼 때 죽은 자들이 없어진다거나 죽음과 함께 그들의 존재가 끝난다는 상상에 공감할 수 없습니다. 당연히 이 말은 마지막 현실에 관하여 아무것도 말하지 않습니다. 우리는 우리의 생각으로 우리가 넘을 수 없는 경계에 도달합니다. 그럼에도 우리가 이성적으로 사고할 수는 없지만, 죽은 자들이 사라진다는 주장은 생각이 없는 것이기에 신뢰할 만한 것이 아닙니다.

죽은 자들과 공명함

지금까지 저는 우리의 소원이나 두려움을 벗어나기 위한 상상에 빠지지 않기 위해 이성의 도움과 이성의 한계 내에서 죽은 자들과 죽은 자들의 머뭄에 관해 심사숙고하였습니다. 그러기에 저는 구조를 설정하였습니다. 이 구조 내에서 우리는 죽은 자들의 존재와 우리가 죽은 자들과 갖는 경험을 관찰할 수 있습니다.

죽은 자들에 관해 다른 방법으로 생각할 수도 있습니다. 루퍼트 셀드레이크는 영혼이 공간과 시간으로 넓어진다는 관찰을 합니다. 우리가 지각할 때, 우리가 우리의 좁은 한계를 넘어 우리의 주위와 연결되는 장에서 움직이기에, 우리는 다른 사람들과 다른 것에 닿을 수 있습니다. 이 장이 과거에 미치기에, 현존하는 모든 것은 지난 것과 공명하며 같이 움직입니다. 공명으로 과거는 현존하며 현재에 작용합니다. 이 작용은 생명에 좋을 수도 또는 나쁠 수도 있습니다.

　이러한 의미에서 우리는 죽은 자들과 공명하고 있으며 좋게 또는 나쁘게 넘겨져 있습니다.
　이것이 두 번째 구조입니다. 이 구조 내에서 우리가 죽은 자들과 갖는 어떤 경험들을 관찰하고 정리할 수 있습니다.

죽은 자들과의 경험들
어떤 경험들입니까?

1. 우리는 그들을 기억합니다. 무엇보다 우리에게 가까운 사람들이나 죽은 지 얼마 지나지 않은 사람들입니다. 기억으로 우리는 그들과 연결되어 있습니다.
2. 우리는 그들을 보고 싶어합니다. 그러기에 그들의 죽음을 슬퍼합니다. 이 슬픔은 이별의 아픔입니다. 슬픔은 이별을 가능하게 하여 이별하게 합니다.
3. 우리는 그들의 죽음으로 자유로움을 느낍니다. 우리는 더 많은 공간을 갖는 것 같습니다. 그들은 우리와 우리 안의 어떤 것을 위해 자리를 주었습니다.
4. 가끔 우리는 아직도 죽은 자들에게 매여 있습니다. 우리는 그들에게 화내고 있습니다. 그들이 우리에게 잘못했다고 생각하기 때문입니다.

　우리가 잘못한 사람들에게도 매여 있습니다. 우리가 그들에게 불의를 행했다고 또는 그들의 몸과 생명을 해쳤다고 인정하기 전에는 그들을 놓을 수 없습니다. 그들도 마찬가지로 우리를 놓을 수 없습니다.

풀림

질문은 무엇이 우리와 그들을 도와, 우리와 그들이 평화와 평온으로 풀려지겠습니까? 어떻게 가족세우기와 가족세우기의 발달된 형태에서의 경험이 방법을 보여 주는가 설명해 보겠습니다. 가족세우기에서 루퍼트 셸드레이크가 말하는 장의 효과가 가장 인상 깊게 보여집니다. 가족세우기에서의 대역들은 산 자뿐만 아니라 죽은 자를 대신할 수 있어 공명을 통하여 그들과 똑같이 느낄 수 있습니다. 이때 대역 자신들의 상상이나 느낌이 아니라는 것은 그들이 산 자를 대역하는지 또는 죽은 자를 대역하는지 의식하지 못한다는 데서 우리는 알 수 있습니다. 그들의 움직임은 그들이 산 자와 공명하는지 또는 죽은 자와 공명하는지 보여 줍니다.

우리가 아직도 죽은 자들로부터 어떤 것을 기대하고 있기에 죽은 이에게 화를 내고 있다면, 우리는 그들에게 다음과 같이 말할 수 있습니다. "고맙습니다. 모든 것에 감사합니다." 무엇보다 그들이 우리 부모이거나 배우자일 경우에 그러합니다. 이 감사에 연결되는 것은 받아들임입니다. 우리가 고마워할 때에 우리는 그들이 우리에게 선물한 모든 것을 받아들일 수 있습니다. 그 선물이 우리를 힘들게 하였고 어렵게 한 것일지라도 말입니다. 왜냐면 바로 어렵게, 힘들게 한 것들이 나중에 특별한 힘의 근원으로 증명되기 때문입니다. 우리가 우리에게 선물로 주어진 것을 고마움으로 받아들여야 우리는 가지고 있을 수 있고 다른 사람에게 줄 수도 있습니다. 그런 후에 죽은 자들은 평화로 물러설 수 있고, 우리는 생명과 생명이 우리에게 주는 곳으로 향할 수 있습니다.

우리의 잘못으로 사람들이 죽은 경우에 다음과 같이 그들에게 말함으로써 그들로부터 풀어질 수 있습니다. 우리의 마음이 아픕니다. 우리는 우리들이 행한 불의를 힘을 다하여 다시 잘되게 합니다. 당신들의 자녀들에게 할 수 있으면 합니다. 잘못이 정정될 수 없는 경우에 우리는 말할 수 있습니다. 우리는 우리 잘못의 결과에 책임을 집니다. 설사 그것이 우리가 죽을죄를 범했다고 느낀다는 것을 의미할지라도 말입니다.

단지, 죽을죄를 범했다고 느껴 아프게 되어 죽으려고 하는 사람은 죽은 자들을 보지 않습니다. 죄를 속죄하려는 사람은 피해를 당한 상대보다 자신을 더 많이 봅니다. 그는 죄에 서서 죄를 책임지기보다 죄를 벗으려고 합니다. 그러나 죄와 화해는 속죄하는 데 있지 않고 행동하는 데 있습니다. 다시 말하면 죄로 인하여 얻은 힘을 자신이 잘못한 사람들을 기억하여 다른 사람들을 위해 좋은 일을 하는 행동에 있습니다. 그리하여 죽은 자들은 그들이 당한 고통을 더 큰 관계에서 보게 됩니다. 거기에서 그들의 고통과 죽음은 자신들의 자리를 차지하며 어떤 치유적인 것을 가져옵니다.

넓은 장

그럼에도 우리는 공명으로 우리를 힘들게 하는 영향들에 넘겨집니다. 우리의 몸과 생명은 해를 받을 수 있습니다. 그리고 우리는 우리 힘으로는 어찌할 수 없이 그들에게 넘겨져 있습니다. 공명을 넘어서 우리를 그 영향들로부터 벗어나게 하고 다른 사람들도 벗어나게 도와줄 수 있는 어떤 곳에 이르는 방법이 있습니까?

모든 것과 마찬가지로 공명도 시작이 있습니다. 공명이 시작한 창조적인 기원이 있습니다. 그리고 창조적인 기원으로부터 공명은 시간과 함께 공명의 길을 갑니다. 아마도 우리는 이 근원적인 힘과 공명할 수 있지 않겠습니까? 그리하여 우리는 그 힘에게 되돌아가, 그 힘과 함께 새로운 장을 다루고 새로운 공명으로 시작할 수 있지 않겠습니까? 근원적인 힘을 통하여 이제까지 우리에게 영향을 끼친 장은 넓어지고 정화되어, 자신의 시작과 근원에 더 가까워져 이제까지 억제된 것이 조화롭고 연결하는 방법으로 춤추기를 시작하지 않겠습니까?

우리는 어떻게 근원적인 힘과 연결을 찾습니까? 우리는 빔으로 그리고 존재하는 모든 것에 동의함으로 찾습니다. 또한 우리가 넘겨진 영적인 장들에 동의함으로 찾습니다. 근원적인 힘은 영적인 장들에서 작용하고 있어 그들과 하나가 되기에, 영적인 장들에 동의함으로 우리는 근원적인 힘에 동의합니다.

죽음에 기뻐하라

'삶에 기뻐하라.'라고 우리는 쉽게 말합니다. 그러나 '죽음에 기뻐하라.'는 말은 우리를 우선 멈추게 합니다. 그러나 충족된 생명엔 죽음도 속합니다. 우리가 만약 죽음을 생명의 기쁨과 연결시킬 수 있다면 우리는 죽음을 다르게 만날 수 있습니다. 그러면 우리는 더 가볍게, 더 걱정 없이 살 수 있어 고생과 염려를 덜 중요하게 여깁니다. 고생과 염려가 죽음 앞에선 그 무게를 잃기에 우리는 고생과 염려를 쉽게 넘깁니다.

그러나 죽음에의 기쁨은 정적입니다. 이 기쁨은 정신 차려 있어 힘이 있습니다. 이 기쁨은 마치 땅이 우리를 안고 가는 것 같기에 발이 가볍습니다. 땅은 죽음을 먹고 살기에, 죽음으로 땅은 움직임에 있으며 새로워질 수 있습니다.

죽음에의 기쁨에서야 우리는 자신과 자신의 도취에서 벗어나 우리의 생명과 사랑의 중심은 다른, 아주 강렬한 중심으로 움직입니다. 그리하여 우리는 우리 자신이 아닌 어떤 것의 주위를 돕니다. 그 앞에서는 삶과 죽음의 경계는 희미해지고, 우리는 오직 관계에 서만 중요하며, 자신과 자신의 의지는 없어집니다.

그렇게 되면 기이하게도 우리 생명은 깊이를 얻습니다. 이 깊이는 다른 큰 중심으로 움직이기에 이 깊이는 자신의 깊이가 아닙니다. 그리하여 우리 생명은 땅의 율동과 공명으로 전체로서 고동칩니다. 모든 움직임 뒤에 있는 창조적인 힘과 함께 고동칩니다. 그리고 다른 모든 것과 함께 오직 여기에 있습니다. 여기에 죽음과도 함께.

희망의 끝

더 이상 자신의 것을 원하지 않지만 스스로 나타나는 것에 열려 있는 의도 없음과 달리 절망은 마지막 포기입니다. 절망은 의도 없음에서 조금 후에 스스로 나타나는 통찰, 기준, 인도뿐만 아니라 어떤 것을 위해 나를 손잡아 어떤 것으로 이끌고 움직여 줄 어떤 것조차 포기합니다.

마지막 것도 완전히 놓은 의미에서 희망 없이 있는 사람은 순수하게 되었습니다. 가장 깊이 내려갔습니다. 단지 거기에 있어, 그리하여 완성되었습니다. 희망 없이 있음이 각자에게 무엇을 요구하는지, 각자를 어디로 이끄는지 혹은 각자를 어디에 놓는지, 우리는 예수의 마지막 울부짖음에서 예감합니다. "나의 하느님, 나의 하느님, 어찌하여 당신은 나를 버리시나이까?" 이 마지막 울부짖음이 많은 사람들이 시편 22장을 인용하여 해석하는 '기도가 아니라는 것'이 「마태복음」의 다음 구절에 의하면 우리에게 분명합니다. "예수는 또 울부짖고 죽었다."

예수가 어디에서 여기에서보다 컸습니까? 더 인간이었습니까? 신이 어디에서 여기에서보다 컸습니까? 예수가 신에 대해 선포하려고 했던 것이 어디에서 여기에서보다 더 순수했습니까? 더 깊이 헌신적이었습니까? 우리의 육체, 영혼 그리고 정신의 저 깊이에서 더 흔듭니까? 그리고 더 진실합니까?

우리의 영은 마지막 순수와 가장 깊은 정적에 닿습니다. 존재 자체도 벗어나는 무에게 갑니다. 그리하여 존재하는 망각으로 갑니다. 여기에서 인식과 인식의 길도 끝납니다. 인식과 인식의 길이 도대체 무엇에 봉사하겠습니까? 어디로 이끌겠습니까?

그러나 이것도 하나의 인식입니다. 단지 우리가 파악할 수 있는 인식은 아닙니다. 그러나 우리는 이 인식이 어떻게 끝나고 결국 침묵하는지 느낍니다. 이 인식 없이 우리는 저 깊이에서 감동합니다.

희망의 끝은 사랑의 끝이기도 합니다. 사랑은 움직임에 있기에 결국에 희망과 믿음과 마찬가지로 순수한 무로 갑니다.

무^無 앞에서 생각함

무와 존재

무는 존재하는 것 너머에 있습니다. 우리의 인식 그리고 사랑 또는 희망 너머에 있습니다. 그럼에도 존재하는 것처럼 우리의 생각에 영향을 미칩니다. 무는 모든 것을 자신에게 끄는 빔의 힘입니다. 빔에서 모든 것이 자신의 존재를 포기할 때까지, 더 이상 존재하지 않음에서 완성될 때까지 움직임 없이 끝없이 아무도 모르게 무는 모든 것을 끕니다.

무 앞에서의 생각은, 존재하는 것과 스스로 움직이는 것을 향해 공명하는 생각과는 다른 생각입니다. 무 앞에서의 생각은 존재에서 무를 선취하여, 존재를 무의 입장에서 생각하며, 존재하는 것 내에서 존재하는 것이 무에 의해 덮쳐 마치 완전히 없는 것처럼 행동합니다. 그리하여 인식했다고 생각되어지는 것도 영향력과 확신을 많이 잃습니다. 인식된 것은 끝없이 잠정적이 됩니다. 우리를 잠시 동안만 붙잡습니다. 우리는 통찰의 순간에 벌써 인식을 자유롭게 떠나보냅니다. 그럼에도 이 통찰로 우리는 이 행동에서 우리를 잃지 않고 행동할 수 있습니다. 무 앞에서도 존재하는 것은 의미가 있기 때문입니다.

무는 결코 존재하는 것과 대립되어 있지 않습니다. 무는 존재하는 것의 종말과 목표입니다. 그러기에 우리는 무 앞에서 더 평안하게, 더 자유롭게, 어느 정도 가까운 것을 떠나 무를 위해 벌써 기꺼이 행동합니다.

사랑

무 앞에서의 사랑은 어떠합니까? 사랑은 아직 있습니다. 사랑하는 사람들도 아직은 있습니다. 그러나 더 평온합니다. 더 배려합니다. 더 넓습니다. 더 순수합니다. 또한 더 정신 차려 있습니다. 같이 지금을 향하면서 다음을 위해서도 벌써 준비합니다. 무에 둘러싸여, 무에 맞추며 사랑은 종말까지 머뭅니다. 무에 끌리면서도 사랑은 이미 지금 시간을 초월하기에 머물 수 있습니다.

지혜

그럼 지혜는 어떠합니까? 지혜는 행동을 향합니다. 지혜는 응용된 본질 인식입니다. 지혜는 행동으로 자신을 증명한 인식입니다. 그러기에 지혜는 온전히 존재하는 것을 향하고 있으며 존재하는 것과 관계하고 있습니다. 지혜는 존재하는 것의 종말을 고려하지만 무를 끌어넣지 않습니다. 지혜는 무 앞에서 침묵하며 무 앞에서 자신의 종말이 옵니다.

순수한 생각과 행동

그러기에 무 앞에서 생각한다는 것은 무 앞에서 생각이 그친다는 것입니다. 무를 직면해서야 생각은 순수하게 됩니다. 무 앞에서 행동한다는 것도 결국은 행동이 무 앞에서 중단한다는 것입니다. 행동도 무 앞에서야 순수하게 됩니다.
 그럼 사랑은? 사랑은 사랑하는 사람들과 함께 끝납니다.

사이의 시간

사랑

지금과 무 사이의 시간이 존재입니다. 무는 시간을 갖지 않기에 지금이 우리의 시간입니다. 우리는 오직 지금 있으며, 지금 우리의 시간을 가지기에, 우리의 시간 안에서 생각하고 행동하며 사랑해야 합니다. 우리가 우리에게 그리고 우리 곁에 있는 것을 우리의 존재로 많이 받아들이면 들일수록 우리의 시간은 충만해져 항상 더 차고 더 풍부해집니다. 이는 사랑으로 가능해집니다.

 여기에서 사랑은 무엇을 말합니까? 첫째 나와 함께 있는 다른 사람에게 그 자신에게 알맞은 방법으로 거기 있는 권리를 인정하는 것입니다. 그리하면 나는 그와 열매를 맺는 상호교환을 할 수 있습니다. 우리는 서로 필요로 하는 것을 줍니다. 그리하여 우리는 더 풍부해집니다. 그때 우리는 서로 어떤 것을 빼앗지 않고 줍니다. 상호 존경과 존중을 가진 줌이기 때문입니다. 이러한 상호 줌과 받음에선 아무도 상대에게 너무 가까이 침범하지 않습니다. 상대는 이 상호교환에서 자신인 대로 있어도 되고 자신인 대로 머물러도 됩니다. 이것이 사랑입니다.

 말할 것도 없이 우리는 이 상호교환에서 변화합니다. 이 상호교환을 통해 우리는 성장하며 서로 점점 깊이 관계하게 됩니다. 상대를 의문시하여 상대방의 것을 부정하지 않습니다.

존재를 둘러싼 투쟁

위의 것은 단지 한 면입니다. 다른 면에서 우리는 우리 삶의 터전을 위해 다른 것과 싸웁니다. 우리를 관철해야 하고, 살아남기 위해 다른 것을 죽여 먹어야 합니다. 또한 우리는 다른 것이 우리에게 다가와 우리를 해치거나 죽이려고 할 때 또는 우리의 삶의 가능성을 제한하려고 할 때 방어해야 합니다.

그러기에 생존 투쟁도, 다른 존재를 대가로 하는 존재도 존재에 속합니다. 우리의 생명은 그리하여 발전하고 성장할 뿐만 아니라 쇠퇴해지고 적어져 사라지고 죽습니다.

무가 있음

여기에서 우리는 무가 있음이 무엇을 의미하는지 경험합니다. 물론 궁극의 의미는 아니지만, 죽음과 함께 생명은 끝나지만, 존재는 끝나지 않습니다. 생명 자체에 대해서도 우리는 생명이 다른 방법으로 존속되는지, 어느 정도 존속되는지 모릅니다. 생명은 후손이나 열매로 그리고 우리의 죽음 후에 죽음을 통해 다른 사람에게 영향을 미침으로 존속합니다. 물질적으로뿐만 아니라 영적으로 영양을 주면서 존속합니다. 우리는 죽은 자들이 우리들에게 또는 우리가 그들에게 어떤 것을 원하기도 하면서 여러 방법으로 연결되어 있다는 것을 경험합니다.

다른 사랑

그렇다면 여기에서 사랑은 무엇을 의미합니까? 이러한 존재의 조건에 동의함을 의미합니다. 그것도 양면으로. 우리는 할 수 있는 한 다른 존재에 대항하여 우리를 관철하면서, 또는 우리의 멸망으로 존재의 다른 조건에 순응하면서.

우리가 자신이나 다른 것의 존재를 넘어 볼 때에 그리고 성장과 스러짐, 삶과 죽음에 똑같이 동의할 때에 이 사랑은 가능합니다. 즉 자신의 성장과 스러짐, 삶과 죽음뿐만 아니라 다른 존재의 성장과 스러짐, 삶과 죽음에 동의할 때입니다. 그러면 여기에서 우리는 우리와 다른 것에게 무엇이 발생하든 사랑에 있습니다.

정말로 우리는 사랑 안에 있을 수 있습니까? 우리가 전체로서의 존재를 넘어 무가 있음을 바라볼 때에 할 수 있습니다. 전에 있는 무가 있음과 후에 있는 무가 있음을 볼 때입니다. 그러면 사이의 시간은 정말 사이의 시간입니다. 이 사이의 시간은 우리를 잡지 않지만 채워져 있습니다.

그렇다면 사랑은 어떠합니까? 사랑도 우리를 잡지 않지만 채워져 있습니다. 존재로 충만되어.

순수한 마음

어떻게 우리의 마음은 순수하게 됩니까? 우리가 만나는 모든 사람을, 특히 우리에게 아주 가까운 사람을 우리 마음으로부터 떠나보내면 됩니다. 우리는 그를 다른 사람에게 떠나보냅니다. 그의 부모에게, 그의 배우자에게, 그의 자녀에게, 그의 운명에게.

그러면 무엇이 발생합니까? 그는 우리로부터 자유로워집니다. 우리의 소원들과 기대, 우리의 염려, 우리의 생각 그리고 우리의 평가와 운명으로부터 자유로워집니다.

우리 자신도 그로부터 자유로워집니다. 그의 소원들과 기대, 그의 염려, 그의 생각 그리고 그의 평가와 운명으로부터 자유로워집니다. 또한 우리는 그가 우리에게 범한 죄로부터 자유로워집니다.

반대로 우리가 그에게 범한 죄로부터 그 또한 자유로워집니다. 그리하여 우리는 우리들이 서로 갖는 요구들로부터 자유로워집니다. 그는 나의 요구들로부터, 나는 그의 요구들로부터 자유로워집니다.

그러면 우리는 무정하게 됩니까? 사랑도 없게 됩니까? 아닙니다. 정반대입니다. 순수한 마음은 순수하게 느끼고 순수하게 사랑합니다. 여기에서 순수란 우리의 마지막 근원과 공명에 있음입니다.

그의 근원과 나의 근원과 공명에 있음입니다.

우리가 사랑에 대해 말해도 된다면, 근원의 사랑과 같은 순수함입니다. 이 사랑은 그를 그대로 원함입니다. 그의 시작과 종말을 향한 사랑입니다.

이것이 순수한 사랑이고 또한 순수한 기쁨입니다. 이 사랑은 묶지 않고 연결합니다. 단절하지 않고 헤어집니다. 오직 거기에 있습니다.

그러나 순수한 마음은 자신이 다른 사람들에게 의존되어 있다는 것을 알고 동의합니다. 또한 순수한 마음은 다른 사람들이 자신에게 의존되어 있다는 것을 알고 동의합니다. 거기에서도 마음은 순수합니다.

후기

이제 나의 생각은 자신의 한계에 옵니다. 어떤 사람들에겐 나의 생각이 너무 지나치게 보일 수 있습니다. 무엇보다 무를 나의 생각에 포함시키려고 시도한 곳에서 그렇게 보일 수 있습니다. 응용철학, 즉 다른 행동을 가능하게 하는 철학이기에 시도했습니다. 응용철학은 인간적인 행동, 침착한 행동 그리고 열광하지 않는 행동을 가능하게 합니다. 무엇보다 생명을 죽이는 투쟁으로 이끄는 열광이 설 자리를 없게 하는 행동입니다.

이 생각은 스스로 입증합니까? 저는 스스로 옳다고 해명하고 있는 다른 어떤 것과 나의 생각을 대비시킵니다. 그리하면 그들은 결과로 스스로 평가합니다. 생각은 행동에 봉사하기에 생명에 얼마나 도움이 되는가에 따라 평가되어야 합니다.

당연히 이 생각은 모든 살아 있는 것과 같이 불완전하여 흐름에 있습니다. 본질적인 것은 결론적인 개념들을 허락하지 않기에 모든 생각되어진 것과 같이 이 생각은 정말로 현실을 파악할 수 없습니다. 누가 사랑을, 출생의 신비를 혹은 본질적인 통찰의 과정을 논리적으로 결론적으로 파악했습니까? 더 나아가 존재와 무의 존재가 무엇을 의미하는지 누가 파악했습니까?

그렇습니다. 여기에서도 진리는 변하고 있습니다.